Versión en Español

Un Libro para activos alternativos

Por Howard Lodge, PhD and Joseph F. Rinaldi, III

Este libro pretende mostrar cómo se crean y valoran activos distintos de acciones, bonos y efectivo. Combina activos financiados (usted paga dinero al principio) y no financiados (usted paga poco dinero al principio – "derivado") en un marco conceptual.

Una guía de inicio para los activos alternativos!

Un libro de texto para activos alternativos

No Ficción / Libros de Texto / Activos / Derivados Alternativos

Tercera edición (Febrero de 2017)

ISBN-13: 9781543173666

ISBN-10: 1543173667

Agradecimientos: Los autores desean agradecer a Steven Nunez, RIA y Gerente de QFA Latin America, Joao Coelho (University of Maryland), Isabella Echeverry (American University), Lorena Gonzalez (University of Maryland), Marcelo Gustavo Arteaga Mata (GWU), Yaite Laura Batista (GWU)

Contenido

Capítulo 1. Un Resumen General de los Activos Tradicionales - Las acciones, los bonos, y el efectivo.

1A. ¿Quién emite (crear) los activos tradicionales?

Todos los activos son emitidos inicialmente por alguna entidad legal y tienen el propósito de obtener dinero en un futuro, eso es lo que atrae compradores. Los bienes se presentan en tres formas: pública, 144A y privada.

La emisión pública significa que los títulos son sometidos a la regulación de la Comisión Nacional del Mercado de Valores (SEC). Dos ejemplos son las acciones y bonos corporativos. La emisión privada ocurre en las acciones, pero principalmente ocurren en pagarés y bonos. En este caso, el emisor solamente publica la emisión a un grupo selecto de inversores (estos inversores deben ser acreditados o ser clientes institucionales). Valores que son 144A son valores privados que pueden ser registrados en el futuro y volverse públicos.

El mercado principal es el mercado creado en emisión. El mercado secundario es valores negociados después de emisión. Por lo tanto, un intercambio es secundario si el comprador original del título lo vende a otra persona.

Un mercado secundario existe, siempre y cuando la empresa sea funcional. En bonos, existe un mercado secundario hasta que la nota o el bono se venza o ocurra un incumplimiento de pago.

1B. ¿Cuáles son las clases de bienes tradicionales?

1B1. Acciones

En una empresa pública, las acciones representan la propiedad de la empresa. Uno normalmente compra la acción en un intercambio y se crea una entrada al directorio en una cuenta de corretaje. La acción se registra en nombre de "calle". El corredor es el propietario legal. Rara vez recibes un certificado físico, como era en el pasado.

Dado que la acción se encuentra en su cuenta, recibirá todos los flujos de efectivo. Los dividendos se pagan trimestralmente, pero son una cantidad incierta. Ellos dependen de las ganancias de la empresa y de sus decisiones administrativas. El objetivo es ganar dinero en la apreciación del precio.

Para comprar la acción, sólo se paga el precio. Todos los dividendos del futuro, aunque inciertos, se valoran en el precio.

La mayoría de los modelos de fijación de precios de acciones llegan a un precio y descuentan algún flujo futuro de la compañía. Este flujo podría ser ganancias, flujo de efectivo libre, etc. En este sentido, las acciones tienen un precio similar a los bonos. La pregunta es "¿cuál es la tasa de descuento apropiada"? Lógicamente, debe ser una tasa que refleje el riesgo de la acción. ¿Cuál debería ser la diferencia en el precio que refleja el riesgo en relación del riesgo las tesorerías?

Un ejemplo de cómo usar precios alternativos es la comparación de precio de las acciones dividido por los ingresos de la empresa (P/E ratio). Los ingresos por lo general se miden antes de que los intereses de la deuda, los impuestos, la depreciación y amortización (EBITDA). Una proporción alta significa que la acción en cuestión es cara en relación a otras acciones "similares".

1B2. Pagarés y Bonos

Pagarés y bonos son obligaciones de deuda de una empresa con cupones (intereses) y principal ("par"). Por lo general, las pagarés se vencen entre un año a 15 años y bonos se vencen más allá de eso. Facturas se vencen en menos de un año.

Un ejemplo podría ser una nota de 5 años. Supongamos que el precio de la nota era de $100 y el cupón era de 5% por año. Esto es una nota "par" - el precio de la nota es de $100 y en 5 años se obtiene el principal/par de $100 suponiendo que no haya un incumplimiento de pago. Se obtendrían 9 cupones semi-anuales de aproximadamente $2.50 por $100 el par. El último pago sería el décimo cupón de $2.50 + $ 100 (el cupón más el principal o la cantidad de "par").

Algunos pagarés semestrales pueden pagar cupones que no sean exactamente $2.50. Esto sucede porque los días naturales en un calendario de seis meses no son iguales. Recuerda, hay 365 días en un año no bisiesto. Algunos pagarés pagan exactamente $2.50. Esto es porque suponen que hay 30 días por mes. Por lo tanto, el pago exacto del cupón depende en cómo se cuenten los días.

Una nota que no es una nota "par" podría costar $80 (o $120). El regreso ahora no provendría solo de los cupones pero también del hecho de que recibes "par" en 5 años ($100), pero eso no es lo que se pagó por ella en el principio.

Uno paga el precio más los intereses devengados para comprar pagarés o bonos. El vendedor recibe el interés del cupón a partir del último pago de cupón hasta el día que la transacción se asienta. A este periodo le llamaremos (1 a 2). El comprador recibirá el próximo cupón completo (1 a 3), pero sólo tiene derecho a ese pedazo de liquidación (2 a 3). Por lo tanto, el vendedor es pagado su interés (1 a 2) en el día de la liquidación. A pesar de que el comprador recibe el siguiente cupón entero, nada más reciben neto (2 a 3), ya que pagaron (1 a 2) sobre la liquidación.

Un lector inteligente podría preguntarse si el vendedor está recibiendo el mejor trato. El vendedor consigue temprano un cupón fraccionado del comprador. El comprador tiene que esperar para obtener el cupón en el siguiente ciclo de medio año. Cualquier efecto en el tiempo es reflejado en el precio. Es decir, el valor del pagaré (precio + acumulado) es el valor presente de todos los flujos de efectivo. Si el valor actual del interés acumulado es demasiado alto, porque fue pagado temprano, el precio del bono será menor porque la suma de los dos es lo que se paga y eso es lo que el flujo de efectivo vale en el futuro.

1B3. Efectivo o Facturas

Las facturas pueden tener o pueden no tener cupones. Letras del Tesoro generalmente se negocian con un descuento a par sin ningún cupón. Las facturas se consideran "dinero en efectivo", ya que la fecha de vencimiento es tan corta.

1C. ¿Quién compra esos bienes tradicionales?

1C1. Individuos

Individuos suelen tener estos activos en cuentas del corredor. Ellos tratan de decidir qué categoría (acciones, bonos o efectivo) vale más y luego elegir ejemplos individuales de la categoría. El objetivo de la mayoría de los individuos es maximizar el rendimiento total antes de impuestos. Es decir, hacer más grande la cuenta, independientemente de si el dinero proviene de intereses (cupones o dividendos) o apreciación de los precios (aumento de las acciones o precio del bono). El individuo normalmente se preocupa por los impuestos de estas diferentes fuentes de dinero más tarde.

1C2. Los fondos mutuos

Agrupación de los bienes de muchos individuos *deberían* permitir eficiencia ya que la agrupación permitirá inversiones que individuos no podrían hacer por sí mismos.

Una de las razones por la cual enfatizamos la palabra "deberían" es porque los costos de negociación se extienden entre los inversores en el fondo mutuo. Los inversores de fondos mutuos entran y salen del fondo en un número - en el valor actual neto o VAN. El administrador del fondo entra y sale de los valores que pagan la diferencia entre el precio de compra y el precio de la venta. Por lo tanto, un inversor que entra y sale con frecuencia genera costos que un inversor "comprar y mantener" debe absorber. Pregunte acerca de las sanciones sobre alta actividad en el mercado antes de invertir! Debe evitar fondos con valores que tienen grandes diferencia entre el precio de compra y el precio de la venta o "spread"!

Inversiones en fondos mutuos son más complejas que inversiones individuales. Los fondos mutuos enfatizan devolución total antes de impuestos. Aparte de las variedades tradicionales de fondos mutuos, fondos negociados en la bolsa, fondos cotizados existen que minimizan gastos. Uno de estos ejemplos se llama "arañas" (SPDR en inglés). Permite que uno compre el S&P 500 sin tener que comprar una de sus acciones. Uno puede simplemente comprar una acción que esté respaldada por las 500 acciones individuales en un trust.

1C3. Empresas

En las empresas, (1) unidades operativas venden un producto o servicio que permite una compra de bienes. El dinero de la compra del activo compensa por el riesgo. La compañía gana la diferencia. La acumulación de la diferencia crea (2) excedentes con tiempo. Una (3) empresa tenedora se forma porque el negocio en crecimiento necesita administración. Los empleados suelen tener (4) una pensión que se administra con dinero segregado de la empresa operadora, para proteger el retiro de los empleados. El método de inversión en las empresas depende en la fuente de los fondos. Es decir, estas cuatro "macetas" de dinero usualmente tienen diferentes "metas" para la inversión. Por ejemplo, las (1) unidades operativas suelen comprar bonos y los mantienen. Esto se debe a que quieren un retorno de bienes constante. Por lo general, no quieren la fluctuación que las acciones añadirían. La inversión de pensiones (4) por lo general mezcla acciones y bonos ya que se quiere maximizar las ganancias a largo plazo. Esta clase de inversión permiten la fluctuación de acciones ya que se supone que se equilibrara con el tiempo.

1C3a. Inversión en la unidad operacional

Es interesante observar que las empresas estadounidenses normalmente invierten en bonos de sus unidades operativas. Una de las razones por la cual hacen esto es que quieren un fluido constante y definido de dinero en contra de sus riesgos para que puedan fijar el precio de sus productos. Las acciones no impulsan las empresas Americanas como lo hacen para los individuos o fondos mutuos.

Además, las empresas piensan en las ganancias después de impuestos. Dado que una forma sencilla de reducir los impuestos es retrasarlos, las empresas transitan títulos lo más lento posible. Como los impuestos se evalúan en la venta, el sector privado no obliga sus operaciones. No es debido a ser perezoso, si no que en realidad es debido a diferimiento de impuestos!

Otra razón por la cual los bonos son utilizados en unidades operativas es que las empresas se ven obligadas a reservar contra los riesgos en sus negocios. El retorno que la unidad operativa gana (activos menos pasivos) dividido por la cantidad reservada es una de las medidas de una inversión exitosa. Se llama rentabilidad sobre recursos propios (ROE). Bonos requieren menos reservas que acciones por eso el uso de bonos como bienes produce un ROE mucho más alto que el mismo "spread" de acciones produciría.

1C3b. Superávit

Superávit en teoría es el dinero en efectivo que protege contra lo imprevisto. En realidad, por lo general es una mezcla de acciones, bonos y efectivo. Las acciones están ahí porque el horizonte de inversión es desconocido. Ya que los bonos y dinero en efectivo tienen vencimientos fijos y las acciones no, con optimismo la mezcla permite ganar rendimientos altos en las acciones pero en caso de cualquier sorpresa los bonos y el efectivo sirven de respaldo.

1C3c. Pensión

De manera similar a los superávits, los pasivos de pensiones están compuestas de una mezcla de acciones, bonos y efectivo. Sin embargo, difiere de un superávit porque tiene reglas de impuestos especiales y normas para invertir que crean una inversión más especializada.

1C3d. Inversión en una sociedad tenedora

Por lo general, son pocos los activos que son propiedad en este tipo de entidad legal. Los que son, están ahí porque funcionan como amortiguadores. Sirven como la sala de "emergencia" de un hospital para la empresa. Si una empresa que este operando tiene un bien problemático, la sociedad tenedora puede respaldar a la empresa que opera con una inversión adicional para respaldar el riesgo. De esta manera, los productos de la compañía no están muy sometidos a cambios por el lado de las inversiones.

1D. ¿Cómo se administran activos tradicionales?

La matriz de lo técnico y fundamental, de arriba a abajo y de abajo a arriba, capta muchos estilos. Datos técnicos y fundamentales nos permiten recoger de arriba a abajo (sectores) o de abajo a arriba (acciones individuales). La selección de acciones o sectores son refinadas por muchas técnicas adicionales. Pero estas selecciones pueden llevar riesgos asociados y juicios de regreso.

1D1. La Matriz de Estilo

Técnica significa que el administrador mira los datos del pasado y trata de deducir una tendencia que pueda ocurrir en el futuro. Por ejemplo, alguna acción ha llegado a un precio alto durante los últimos tres días. Se quedará constante en ese precio a menos que "penetre" la parte superior y entonces ocurre una "ruptura".

Fundamental significa que el administrador mira los datos financieros de la empresa para determinar valor. Se trata deducir el flujo (fluido) de efectivo a futuro (normalmente de los ingresos) y ver si es mayor que el de otras empresas similares.

De arriba hacia abajo significa que uno trata de escoger las categorías de acciones, mas no acciones individuales. ¿Se desempeñará mejor el sector de bienes de consumo o el sector financiero, etc.?

Abajo hacia arriba significa lo contrario. Se centra en los factores de acciones individuales y de comprar una "buena" acción en un "sector" mediocre.

1D2. Riesgo y Rentabilidad

¿Quieres algo que te de 5% casi todos los meses o algo que promedie el 6%, pero algunos meses es 0% y algunos es 12%? Rentabilidad y riesgo son constantemente intercambiados.

El intercambio depende de la amortiguación que uno tenga. Si usted tiene el lujo de tomar más riesgos, normalmente tomará más, con la excepción de otros factores (como estar cerca de la jubilación).

Más sobre esto adelante. Basta decir que la mayoría de los enfoques financieros conducen a opciones de riesgo y retorno que se resume sistemáticamente.

Capítulo 2. Una visión general de los activos alternativos.

Hay un continuo de los activos no tradicionales que van de más a menos tradicional. Pueden ser financiados o no financiados. Esto significa que uno debe tener su propio dinero para invertir (una inversión financiada) o no (una inversión de reparto). Si usted invierte dinero en un fondo de estos, su inversión está financiada pero el administrador de fondos puede hacer algunas de las inversiones en forma derivada, aprovechando de este modo su inversión financiado por el derivado de reparto.

El apéndice presenta los dos Matrices alternativos - financiado y no financiado.

2A. La Matriz Financiada (Financiera)

La matriz financiada (financiera) se divide en partes estructuradas y no estructuradas (columnas) y los impulsores de valor (filas). El impulsor de valor es el factor principal que define precios.

2A1. Financiado y No Estructurados

2A1a. Los fondos de inversión libre

Los fondos de inversión libre existen a través de todos los impulsores de valor. El denominador común es que tratan de cubrir-obtener el mejor retorno con riesgo controlado. Además, la mayoría de los fondos de cobertura invierten en bienes negociables, no los bienes privados que no transfieren. Los inversores de fondos de inversión libre "hacen un comercio"; inversores de capital privado "hacen un negocio".

Los fondos de inversión libre difieren de capital privado en que (1) que se cubren, (2) que son líquidos y se ajustan al mercado (3) por lo general no tratan de controlar (administración de la empresa) (4) por lo general son sociedad de responsabilidad limitada (SRL) y no asociaciones. En una LLC, cualquier riesgo que la empresa genera no fluye a través de los individuos que forman la empresa. Fluye a través de la empresa. En una asociación, hay socios limitados (LPs) y socios generales (GPs). Los "amortiguadores" en una sociedad supuestamente son los socios generales. Ellos "acolchan" la inversión de la los socios limitados (LP's).

Hay varias estrategias clásicas en fondos de inversión libre (con la acción y otros impulsores de valor).

Acción a Largo Plazo / Corto Plazo

Esta es la estrategia más vieja de gestión de cobertura. Usted compra una acción barata y la vende corta una acción cara. Una venta corta significa que usted vende algo que no es suyo. Usted pide prestado la acción, la vende inmediatamente y lo vuelve a comprar en el futuro. Si el precio futuro está por debajo del precio original, se produce dinero. Por lo tanto, quieres que la acción larga suba y que la acción corta suba menos (o incluso que baje!). Otra forma de lograr que esta estrategia produzca dinero es estar largo neto mientras el mercado sube y corto neto mientras el mercado desciende. Es decir, coger el mercado en la dirección correcta y no ser neutral al movimiento del mercado, porque uno es largo neto o corto neto.

Neutro a la Bolsa de Valores

Parecido a la acción a largo / corto, pero esta estrategia trata de ser indiferente al movimiento general del mercado. Se puede ganar dinero solamente escogiendo correctamente las acciones caras para vender corto y acciones baratas para comprar.

Arbitraje de Convertibles

Esta estrategia es muy popular en países que no han desarrollado acciones tradicionales o mercados de deuda. El emisor emite un bono con una acción "endulzada". La emisión es como un bono (tiene un cupón y principal final), pero le permite convertir a la acción si los precios de las acciones suben. Por lo general se puede comprar convertidos de forma barata y cubrir los componentes de acciones y bonos y recoger el rendimiento. Así, un comercio tiene tres partes - ser propietario de bonos convertibles, aplicar crédito de bonos y cobertura de tasa de interés y cobertura sobre aumento de precio de la acción.

El Arbitraje de Renta Fijada

Esta estrategia es similar a la de acción a largo plazo/corto plazo, pero en bonos. Es posible encontrar dos bonos con el mismo valor, pero uno puede ser más barato de prestar que el otro. Usted pide prestado y comprar el más barato y corta el más caro.

Corto

El administrador siempre está "corto del mercado". Esto puede ser en acción, bonos, moneda, etc. Tramitando desde el lado corto del mercado es muy diferente que el lado largo. Agregando a la información anterior de vender corto, en este comercio se pide prestada la seguridad y se vende el mismo día. Durante el comercio, se pagan los cupones (bonos) o dividendos (acciones) a la persona que te los presto. Ellos (o el corredor que arregló el comercio) mantienen el dinero de la operación, como garantía que se devuelva el título al final del comercio. El que prestó su valor le paga intereses sobre el dinero en efectivo a la otra persona. Por lo tanto, hay un flujo fluido neto - se obtiene intereses sobre el dinero y se paga el cupón/dividendo.

Por último, el comercio se desenvuelve cuando el comercio se compra de otra persona que tenga el efectivo y se termina el comercio. Usted produce dinero si el nuevo precio de compra es más bajo que el precio de venta inicial.

El riesgo que corres es que la seguridad no desarrollar el comercio deseado. Puede ser un pequeño problema, un problema de demanda, etc. Por lo tanto, se trata de un comercio muy técnico. Usted no es dueño de la seguridad y puede ser difícil volver a comprar, para cubrir el corto, cuando quiera.

Por lo tanto, debe vender títulos corto que usted pueda obtener de vuelta! Si no es así, esté preparado para ver el precio de los valores cambiar en el mercado y no poder hacer nada al respecto!

Mercados Emergentes

Estas estrategias, por lo general, son estrategias de moneda o bonos. Usted está típicamente (largo) y raramente estas estrategias son cubiertas. Una de las estrategias es simplemente largo en títulos de un país emergente esperando que puedan prosperar.

Evento

Uno puede tramitar eventos financieros. Estos eventos pueden variar entre anticipar las adquisiciones corporativas y negociaciones después de que un evento ha ocurrido. Un ejemplo de anticipar adquisiciones de empresas sería comprar las acciones de la empresa que crees que se va a beneficiar más. Dado que las empresas suelen pagar de más por adquisiciones (que da origen a la "buena voluntad de activos", uno compra en la compañía que está siendo adquirida y corta en la compañía que está adquiriendo.

Comprar estresado ($40 por cada $100 el par) o afligido ($20 por cada $100 el par) de la deuda es un ejemplo de un comercio después de una empresa pasa por un evento. En este caso, el evento es que el crédito de la compañía ha sido reducida, pero se piensa que la compañía será más fuerte en el futuro.

Un ejemplo perfecto es comprar obligaciones de deuda de Ford y GMAC durante la crisis financiera. Ambas cuestiones tramitaron con un descuento extremo al par y ofrecen un inversor rendimientos excepcionales.

Macro

En la década de 1990, Macro era un gran enfoque para los fondos de inversión libre. Vender una moneda corta en tamaño y producir dinero porque usted vendió corta tanto de ella. Crea valor impulsando el mercado.

La estrategia puede ser sistemática o no. Las estrategias macro sistemáticos usan las computadoras para tomar decisiones de inversiones. Los enfoques no sistemáticos utilizan otras estrategias, como puntos de vista económicos fundamentales para tomar decisiones. Valores aportados en un comercio típicamente son bonos del gobierno, acciones, monedas, etc. En resumen, las opiniones económicas sobre los países generan comercio en moneda o títulos gubernamentales de los países y el comercio se lleva a cabo de tamaño.

Futuros Gestionados

Estos son los comercios técnicos generados por la computadora que intentan eliminar las anomalías momentáneas en acciones, bonos y otros futuros líquidos. Hay un gran número de comercios cada día y cada comercio se lleva a cabo en un período muy corto de tiempo - el comercio es visto y ejecutado por la computadora. Por lo general dura poco tiempo.

Multi-Estrategia

Aquí se combinan algunas de las estrategias anteriores para obtener un fondo más diversificado. La diferencia es que las diferentes estrategias se llevan a cabo por el mismo administrador. En fondo de fondos, un administrador escoge los administradores de fondos que se encargan de las diferentes estrategias.

2A1b. Capital privada

Un segundo ejemplo de alternativas no estructuradas fundinanciadas son acciones privadas. El controlador principal de valor - la acción. En general, existen dos negocios aquí - LBO e incursión.

Compra Apalancada (LBO)

Esta es la tierra de tirantes con signos de dólar!

El acuerdo clásico de capital privadas se empieza observando una empresa privada que crees que hará mejor a excepción de algunos problemas que crees que se puedan arreglar. Ese problema, por lo general, es de administración. Usted piensa que usted o alguien más puede hacer un mejor trabajo.

Se obtiene control de los intereses de la empresa, puede ser comprando acciones o bonos que la compañía ha emitido. Se obtiene el dinero para hacer esto pidiéndolo prestado (por lo tanto apalancado). Obtienes el derecho a la votación de miembros (o no) en la junta administrativa y te conviertes en un miembro activo. Puedes hacer el cambio y sacar la empresa en el mercado publico, en una oferta pública inicial (OPI).

Se puede ganar dinero de dos maneras. Primero, si la empresa hace (por ejemplo) 10% en ganancia, pero nada más costo 5% pedir prestado el dinero, se gana dinero en el differencia hasta que se venda la compañía. Segundo, usted vende la empresa (en público o privado) por más del dinero que prestarte para comprarla.

El resultado neto es que la compañía tiene más deuda en un LBO pero es una mejor compañía.

El capital de incursión (El capital de riesgo)

Esta es la tierra de Jeans y Silicon Valley.

El riesgo es proporcionar al capital para una nueva idea. Un inventor tiene una nueva idea y necesita capital para desarrollar la idea. El problema es que no hay muchas buenas nuevas ideas!

Recientemente, un gran porcentaje del capital destinado a incursión ha sido dirigido a la biotecnología y las áreas de Internet.

2A1c. Fondos de mezzanine

Una estructura de deuda común a proyectos alternativos es de alto nivel, mezzanine y capital. Diferentes personas prestan dinero tomando riesgos diferentes.

El prestamista principal de la deuda normalmente es un banco. Quien toma el riesgo más menor. En caso de incumplimiento, son los primeros en recuperar su dinero.

El prestamista mezzanine es el siguiente. Ellos dan dinero y obtienen deuda subordinada o capital preferentes en el proyecto. En una quiebra, deuda subordinada recibe su dinero después del prestador principal, pero antes de capital. Capital preferente tiene un cupón (como un bono) pero tiene una característica de capital. Valores mezzanine se ponen en un fondo y los inversores pueden comprar en el fondo.

El prestamista de capital accionario es el último. Por lo general reciben acciones comunes pero a veces deudas con nuevas "características". Ellos son el capital, ya que sus valores se han ido primero en quiebra, no porque necesariamente sean dueños de acciones.

2A1d. Los fondos de infraestructura

Se trata de fondos que hacen dinero por el dinero gastado en el transporte de energía tales como tuberías, rieles, carreteras, etc. Por ejemplo, puede ser que consigan un pedazo de peajes en una carretera.

2A2. Financiado y Estructurado

Hay dos pasos en la creación de un activo alternativo financiado estructurado. Primero el emisor compra activos y los pone en un conjunto. Segundo, se crean reglas para dirigir el flujo (fluido) de efectivo de ese conjunto de activos a notas que inversores pueden comprar. Estas notas son los activos alternativos estructurados para un inversor.

La estructura se coloca en un fideicomiso. El conjunto de activos son el patrimonio del fideicomiso. Las notas son los pasivos del fideicomiso. Un inversor compra las notas pagándole al emisor que compró los activos originales del conjunto.

Puede haber una nota o una serie de notas. Si hay una serie de notas, se les dice tramos (en francés significa rebanada). Los flujos (El fluido) de efectivo del conjunto de activos son cortadas por las reglas que definen cómo se paga en efectivo del conjunto hacia las notas.

Un ejemplo que tiene una sola nota es el Bono Brady. En la década de los 80, muchos bancos estadounidenses habían hecho préstamos a América Latina que parecían poder incumplir La estructura Brady (en nombre de Nicholas Brady, Tesorero de los EE.UU. en esa época) mezclo los préstamos con bonos de cupón cero del Tesoro de Estados Unidos y emitió la mezcla como una sola nota/bono. Por ejemplo, supongamos que un cero de diez años cuesta \$60 por \$100 el par, se podría gastar \$40 y comprar algunos préstamos. Si usted pagó \$100 para esta mezcla, es posible obtener su interés (debido a la realización de préstamos), pero usted debe obtener su capital (\$100) cuando el cero del Tesoro de Estados Unidos maduro en 10 años.

Un ejemplo de una emisión de billetes múltiples son las hipotecas comerciales respaldadas por un valor (CMBS). Un desarrollador de un centro comercial pide dinero prestado y planea pagar el préstamo con la construcción del centro comercial, el alquiler del espacio in con parte del alquiler pagar la deuda.

Estos préstamos se ponen en un fideicomiso. Esto es simplemente una cuenta de una entidad legal que promete cómo se va a pagar debido a un contrato de fideicomiso. El principal y los intereses de los préstamos en el fideicomiso se les pagan a los inversores en el fideicomiso. Los inversores compran tramos (o rodajas) del flujo (fluido) de efectivo del conjunto de activos. Estos son, por lo general, notas con cupones y los pagos de principal.

Un contrato de fideicomiso de CMBS confianza típica tiene reglas diferentes para los de capital e intereses flujos (fluidos) de efectivo. El tramo "superior" tiene algo de capital fijo (por ejemplo) el 70% del capital del conjunto de activos. Se paga antes de que los tramos "inferiores" que son "mezzanine" y "notas de acciones". Todas las notas reciben su parte de interés. Incumplimientos de hipotecas reducen el conjunto y el tramo par más bajo. Prepagos reducen el par del tramo más alto. Este es un ejemplo de una típica "cascada" conjunto de reglas de pago.

Otros activos estructurados así incluyen "CMO's" (obligaciones con garantía de hipoteca -el paralelo residencial de CMBS) de CMO, de CDO (obligaciones de deuda garantizadas - usando bonos corporativos o derivados de crédito), (obligaciones con garantía del préstamo) de CLO, etc.

Es importante tener en cuenta estas estructuras se venden discutiendo los promedios en el conjunto de activos. Muchos de los préstamos malos mezclados con los buenos. Los promedios se ven bien, pero es enfrentarse a lo peor. No se deje engañar!

2B. No Financiado

Los derivados son activos alternativos, pero se tratan por separado porque que son transacciones que no cuestan dinero hoy (son sin financiación), derivan su valor de algún otro activo y fijan un precio hoy requiriendo que usted entrega el activo en el futuro (o hacia delante) o le dan la opción de entregar con un precio fijado hoy (una opción).

Los derivados son posibles en cualquier activo subyacente. Las principales son tasa de interés, crédito, precios de los acciones, materia premia (materias prima agrícola – trigo, materias prima naturaleza - oro) y monedas.

Por lo tanto, podría ser útil pensar en derivados que tienen los mismos generadores de valor como financiados pero tienen como columnas adicionales - contratos a plazo en OTC, opciones y mercado de futuros y opciones. Además, algunos de los activos en esas células pueden ser activos estructurados o usualmente activos sin estructura.

Debe ser notado que contratos a plazo y futuros usualmente se refiere a un periodo que comienza hoy y termina en el futuro. Sin embargo, algunos contratos a plazo y futuros son diferidos - hacen referencia a un momento que se inicia en el futuro y termina en algún momento más en el futuro.

Un ejemplo de un OTC diferido hacia adelante es un intercambio que se inicia en 2 años y termina en 3 años. Un ejemplo de un futuro diferido en la bolsa es un futuro de Eurodólar de tres meses que empieza en 1 año y termina en 1 año 3 meses a partir de hoy.

Tenga en cuenta que el concepto de aplazamiento es diferente a la observación que existen futuros (por ejemplo) de marzo, junio, septiembre y diciembre que los ofrecidos "hoy". Todos estos futuros comienzan hoy y terminan a diferentes momentos en el futuro, lo cual es diferente a los futuros que se inician en diferentes momentos que hoy.

Véase el Apéndice y el resumen a continuación.

2C. Resumen del capítulo 2

Se habla mucho del hecho que los activos alternativos no se correlacionan a los bienes tradicionales. Por lo general, este argumento es defectuoso porque la comparación es a un activo tradicional (por ejemplo, las acciones) y a un fondo de cobertura (que dispone de acciones, bonos, coberturas, etc. en ella). Una comparación mejor de un fondo de cobertura es una fondo balanceado o dinero en efectivo! El fondo de cobertura se supone que debe ser coberturas!

Por lo tanto, es tentador poner los activos alternativos en un grupo en cubos tradicionales, ya que definitivamente hay similitudes.

El capital (público) tradicional claramente es un candidato para ser comparado con capital privado. El capital privado debe vencer el capital público, ya que es menos líquido y porque uno ha aumentado el apalancamiento de la compañía (que pidió prestado y compró la empresa).

El capital privado también tiene ventajas fiscales a los valores públicos - más adelante sobre esto.

Bonos tradicionales podrían ser comparados con notas estructuradas. Notas estructuradas deben vencer a los bonos más tradicionales, ya que son menos líquido y tienen riesgo de gravedad.

Severidad del riesgo ocurre porque compra tramos y pueden ser eliminados rápidamente si usted está equivocado en sus suposiciones. Por ejemplo, digamos que usted compra un tramo que tiene un 10% por debajo de usted (usted está en una estructura con un tramo de capital del 10% y es el propietario del tramo por encima de ella). La buena noticia es que usted puede tener el 10% del grupo incumplir la deuda con cero recuperación y no perderá nada. Sin embargo, si el tramo es el siguiente 10% y si el 20% de la piscina es una pérdida, usted habrá perdido todo su dinero. La inversión tradicional en la piscina sólo habrá perdido el 20% de su dinero.

La inversión en efectivo tradicional debe compararse con los fondos de cobertura. Es decir, los fondos de cobertura son líquidos y teóricamente cubierto, por lo tanto tienen menos riesgo que las otras alternativas de plano "largos".

Todos estos valores deben ser considerados como definidos por dos matrices - financiado y no financiado.

Los ejemplos financiados requieren dinero en efectivo al momento del cierre. Las filas son los impulsores de valor primarios y las columnas son si el activo está estructurado o no.

Los ejemplos no financiados son derivados. Una vez más, las filas son impulsores de valor primarios. Las columnas son contratos a plazo en OTC, opciones y futuros y opciones en la bolsa.

Véase el Apéndice para obtener un resumen de estas dos matrices alternativas - financiados y no financiados.

Capítulo 3. Contrato a plazos y Opciones - Detalle de las columnas de la matriz de seguridad sin fondear

3A. OTC contrato a plazos y futuros de intercambio

Contrato a plazos son acuerdos para comprar algo en el futuro y pagar por ello en el futuro con un precio acordado hoy. Por lo tanto, tenemos un comprador y un vendedor, pero en lugar de comprar y vender de hoy, fijamos el precio hoy y intercambiamos el dinero y valores en el futuro. Tenga en cuenta que, dado que el dinero se intercambia en el futuro, el vendedor del futuro no tiene dinero para comprar la seguridad hoy en día. ¿Qué es un precio justo para cada persona?

Podríamos tener la tentación de tratar el problema cómo tratamos la reducción del riesgo en las carteras de activos tradicionales. Es decir, el vendedor del futuro se compromete a un precio hoy que piensa que será el probable en el futuro, pero no compra el activo hoy (ya que no tienen dinero). Tome riesgos, pero diversificar el riesgo con un portfolio lleno de estos contrato a plazos a precios diferentes.

Este mercado sería poco práctico. Cada comercio se tardaría para siempre y ya que los precios se basan en la expectativa, las dos personas probablemente nunca llegarían a un acuerdo.

Lo que necesitamos es una cobertura. Esta es una manera de fijar el precio del activo en el futuro, mientras el proceso no cuesta nada hoy. Una solución es prestar y comprar el activo hoy. Si hacemos eso, fijamos el costo hoy y no nos preocupamos por lo que el mercado hace en el futuro. Tomamos prestado el dinero, compramos el activo, y ganamos cualquier flujo (fluido) de efectivo provisional del activo. Al vencimiento, vendemos el activo al comprador y pagamos el capital prestado más los intereses sobre el capital.

Por ejemplo, suponga un activo cuesta $100 hoy. Supongamos que es una nota con un cupón anual del 5% y los costos anuales de préstamo son el 3%. El precio justo de un contrato a plazo de un año es de $98 en un año.

Para ver esto, considere el final de un año. El vendedor entrega la seguridad al comprador. El comprador da $98. El vendedor agrega los pagos en efectivo provisionales de $5 con un total de $103. El vendedor paga de nuevo el capital ($100) y el interés ($3) y el dinero es justo. Por supuesto, el vendedor cobra algo de dinero por la transacción - la diferencia entre la oferta y la demanda! Es decir, pusieron "comisión" en el contrato a plazo de modo que tal vez el contrato a plazo fuera $98.10. Por lo tanto, $.10 sobraron para ellos.

Vemos que el vendedor es mayorista. Es decir, $98 + $5 = $100 + $3 o dólares recibidos = Principal prestado más los intereses pagados. Por supuesto, ser buena persona de finanzas, ya que estos flujos (fluidos) de efectivo se producen en momentos diferentes, es realmente el valor presente de estos flujos (fluidos) de efectivo que deben ser iguales.

El comprador es mayorista? Eso depende de si el comprador es un cubridor o especulador. Un cubridor tiene otra posicion. Pueden ser un fabricante que obtiene el activo a $98 en el futuro (a través de la operación a plazo), le hace algo y sabe cómo venderlo a $100 en el futuro. Ellos están preocupados de que el precio que tendrían que pagar podría salir a $105 si no compraron un contrato a plazo. Sí, deseaban no tener que una cobertura si el precio bajó a $90 en el futuro, pero aseguraron la ganancia de 2 puntos ($100 venta, $98 compra) al aceptar la entrega a través del mercado de futuros.

Si el comprador fuera un especulador, simplemente creen que el precio estará más alto que $98 en el futuro. Son "largo" del activo y pueden ganar (el precio está más alto que $98 en el futuro) o perder (menos de $98).

Precios de esta manera requiere que el vendedor del contrato a plazo entregar y el comprador acepta la entrega. Si el comprador se le permitió alejarse, el vendedor está en riesgo. ¿Por qué?

3B. Opciones en contrato a plazo

Si uno pensaba que necesitaban alejarse del contrato a plazo, deberían haber comprado una opción. Todas las opciones miran hacia precios contrato a plazo para derivar valor.

Opciones de compra permiten a uno comprar un activo a un precio conocido (el precio de ejercicio de la opción) en la fecha de vencimiento de la opción. El comprador por encima del contrato a plazo paga nada hoy, pero tiene que pagar $98 en el futuro para por activo. Cuando se compra un opción de compra, se paga un precio pequeño al principio (la prima de la opción de compra), es posible precio de ejercicio la opción a $98 (el dinero contrato a plazo) y usted tiene el derecho de alejarse. Al alejarse, usted vende su opción y obtiene de regreso algo de dinero (el precio de la opción de mercado cuando se vende).

Opciones de venta permiten a uno vender un activo. Por lo tanto, dueños de opciones de compra se animan cuando los precios suben y dueños de opciones de venta se animan cuando los precios bajan.

Aunque posiblemente confuso, así como opciones, contrato a plazo pueden ser desenrolladas en cualquier momento también. La diferencia entre desenrollar un contrato a plazo y una opción es que se compra una opción, lo más que puede perder es la prima inicial, ya que se le paga cuando se desenvuelve.

Desenrollar un contrato a plazo requiere que usted page una cuota aunque usted no pagó una en el comienzo. Es decir, se conoce el peor de los casos con una opción (se pierde la prima inicial), pero el peor de los casos en una corrección de un contrato a plazo es posiblemente ilimitado (usted esta corto y el precio justo sigue subiendo!). Básicamente, usted tiene que pagar la diferencia entre el precio de mercado y contrato a plazo que aseguró. Habrá más sobre esto cuando entramos en los detalles de fijación de precios de contratos a plazo y opciones.

3B1. Posiciones básicas en opciones y los pagos al vencimiento de la opción.

Payoff
Profit
0
Premium
Profit
Share Price at Maturity | Strike Price
Long Put

Payoff
Profit
0
Premium
Profit
Share Price at Maturity | Strike Price
Long Call

Premium
Profit
0
Payoff→
Profit
Share Price at Maturity | Strike Price
Short Put

Premium
Profit
0
←Payoff
Profit
Share Price at Maturity | Strike Price
Short Call

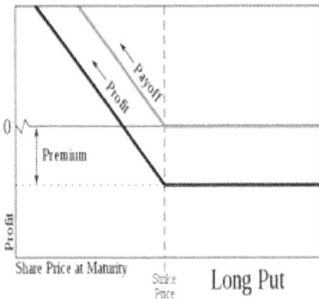

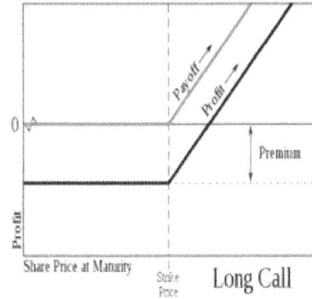

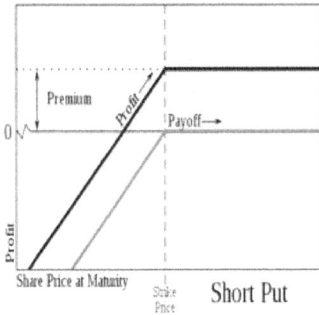

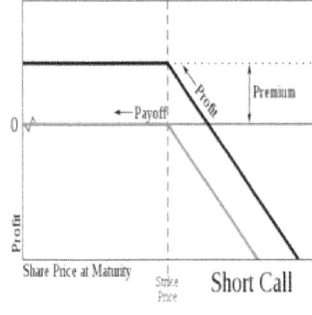

Compra (Long) una opción de compra. Usted tiene la opción de compra un activo a un precio de ejercicio. Usted paga una prima (una pequeña cantidad de dinero) al principio. Si no desea comprar, usted vende la opción de compra en cualquier día si las operaciones son con un corredor (ellos hacen los mercados de todos los valores). El peor caso es que usted vende por nada. Su peor derrota es su prima de opción de compra.

Vende (Corto) un opción de compra. Se obtiene la prima de opción de compra en un principio. Usted debe realizar la entrega del activo al precio de ejercicio fijo si se demanda. Es decir, la opción es de "comprar" o posición larga, no la persona que vende el precio de opción de compra. Sin embargo, esta posición puede ser desenrollada en cualquier día. Es posible que tendrá que pagar más que la prima inicial para desenrollarse. Esto podría ocurrir si el precio del activo sigue subiendo.

Compra (Long) un opción de venta. Usted tiene la opción de vender un activo a un precio fijo. Usted paga una prima al principio. Si no desea vender, puede vender la opción de venta en cualquier día. Su peor perdida es la prima de su opción de venta y eso ocurre cuando los precios siguen subiendo.

Vender (Corto) una opción de venta. Usted puede obtener la prima de opción de venta al inicio de la transacción. Debe aceptar la entrega del activo si el comprador que esta largo en una opción de venta "pone (el activo) para ti". La opción es con posición a largo de la opción de venta. Una venta de opción de venta puede ser desenrollada en cualquier día. Es posible que tenga que pagar más que la prima inicial para relajarse antes de tiempo si el precio de la seguridad continúa descendiendo.

3B2. Pagos de opciones antes del vencimiento.

Los diagramas anteriores muestran la ganancia o pérdida de las cuatro posiciones de opciones básicas únicamente al vencimiento. Estos valores son el "valor intrínseco" de la opción y son una función del precio de ejercicio y el precio subyacente de la seguridad.

Antes del vencimiento, la mayoría de las opciones (excepto cuando está profundamente la profundidad en el dinero) tienen un valor adicional que se suma a la prima de la opción. Se llama valor de tiempo.

Un ejemplo podría ser una opción con el precio de activo y el precio de ejercicio iguales (en el dinero o ATM). No tiene ningún valor intrínseco, pero con algo de tiempo, tendría valor de tiempo y por lo tanto una prima de la opción que vale más que cero (precio de la opción).

El Valor de tiempo surge porque las opciones pagan en una manera unilateral. Con el tiempo restante, una opción que es ATM puede ir hacia arriba o hacia abajo en precio desde el precio actual.

Si tenemos una opción de compra y el precio sube, la opción de compra tiene más valor. Si el precio baja, no hay ningún cambio en el valor de la opción de compra ya que la opción de compra se expira sin valor y no tiene valor para empezar. Por lo tanto, mientras más variable es el precio en el futuro, mayor es el valor de tiempo.

Una opción de venta tiene más valor si el precio baja y expira sin valor si el precio sube. Por lo tanto, así como una opción de compra es un "actor unilateral" y también vale más cuando hay una mayor variabilidad esperada del precio de la seguridad en el futuro.

Más arriba hemos dicho que la mayoría de las opciones tienen valor de tiempo. Las opciones que no tienen están profundas en el dinero. Si una opción esta profunda en el dinero (el precio del valor es muy diferente al precio de ejercicio), la opción es como un contrato a plazo. Ya no es un "actor unilateral". Se gana y pierde de manera equivalente con movimiento ascendente y descendente de valores.

Opciones profundo en el dinero han perdido sus propiedades de opción y ser mejore si se ejercitan (con que se ha establecido la posición de seguridad resultante). Esto es lo que crea la diferencia entre opciones americanas y europeas (véase más adelante).

3B3. Las Opciones difieren sobre los derechos de ejercicio.

Las opciones europeas sólo pueden ejercerse en la expiración. Es decir, el comprador de la opción de compra de compra puede decir "Dame el valor y te daré el precio del precio de ejercicio para comprarlo" única al vencimiento. Sin embargo, ya que las opciones se compran y venden durante todo el día, las opciones europeas pueden ser desenrolladas en cualquier día. Para ello, simplemente se paga la prima de mercado (si se vendió inicialmente) para comprar la opción de regreso. Si uno compró inicialmente la opción, uno simplemente recibe la premia de mercado (delimitada por cero, pero puede haber más de la prima inicial - el precio podría elevarse hacia arriba!).

Las Opciones americanas pueden ser ejercidas en cualquier día. Esto las hace más valiosas, en ciertas situaciones, que las opciones europeas. Por ejemplo, supongamos que usted compró una opción de compra y el valor subió mucho en precio. La opción no da cupones o dividendos. Ya que tiene el mismo riesgo (la opción esta profundo en el dinero) como el valor, las opciones americanas le permiten ejercer y obtener los cupones o dividendos. Lo que queda es un valor que tiene el mismo riesgo que la opción pero que da los flujos (fluidos) de efectivo provisionales.

Las opciones de Bermudas permiten el ejercicio periódico, no todos los días. Por lo tanto están entre americanas y europeas, y eso no significa Islas Canarias! Significa Bermudas.

3B4. Un ejemplo de una opción exótica.

Opciones regulares simplemente comparan el precio de ejercicio con el precio del contrato a plazo de la seguridad. Opciones asiáticas son el promedio de algo. Ese algo puede ser el precio que se compara con el precio de ejercicio, el precio de ejercicio o ambos.

Las opciones típicas de Asia es el promedio del precio que se compara con el precio de ejercicio conocido hoy. Por ejemplo, supongamos que se compra una opción de compra que se produjo a $100 y expira en un año. Puede ser que promedie el final de precios del mes y este se compara con el promedio para determinar si se le paga.

3C. Resumen del capítulo 3

Los precios de contratos a plazo suponen que la persona fijando el precio para entrega futura se cubre a sí mismo. La cobertura más sencilla es comprar el valor hoy y "llevarlo". Eso significa que, durante la vigencia de la transacción (hoy a día de entrega de contrato a plazo), hay que obtener el cupón/dividendo y paga el costo de pedir prestado el dinero para comprar la seguridad hoy. El precio al contado y el "valor neto" definen el precio contrato a plazo.

Las opciones son fijadas en precio asumiendo una distribución de los futuros resultados centrados en el contrato a plazo. Si la distribución es simétrica, opción de venta y opción de compra producidos en el contrato a plazo cuestan lo mismo hoy. Esto se denomina formalmente "paridad entre opción de venta y compra".

Capítulo 4. Los derivados extrabursátiles (OTC), en comparación con los derivados de bolsa - más acerca de las columnas sin fondear matriz de seguridad.

La imagen que la mayoría de la gente asocia con la ejecución derivada es la gente en un piso abierto saltando arriba y abajo. Esto es "corro" ejecución de bolsa, pero gradualmente está siendo reemplazado por la ejecución electrónica - todo hecho con los ordenadores.

4A. ¿Qué es una bolsa?

Una bolsa es un mercado donde (1) los valores, (2) los derivados, y (3) otros instrumentos financieros se compran y venden. Entre estos tres mercados de intercambio, el mercado de valores es el más seguido, pero el mercado de derivados es mucho más grande que el mercado de valores en términos de tamaño de los activos subyacentes.

El mercado de intercambio de derivados es un mercado donde individuos negocian contratos estandarizados que han sido definidos, estructurados/creados por un intercambio. Ejemplo de mercados de derivados son el CME Group (www.cmegroup.com), NYSE Euronext (www.euronext.com), Eurex (www.eurexchange.com), la BM&F BOVESPA (www.bmfbovespa.com.br) y el Tokyo International Financial Futures Exchange (www.tfx.com.jp).

El mercado que está desarrollando el contrato debe determinar el activo subyacente, la calidad, el tamaño del contrato, meses de vencimiento, arreglos de entrega (liquidado en efectivo y entregado), meses de entrega, límites de precios y cotizaciones de precios.

4B. ¿Qué hace una cámara de compensación para una bolsa?

Administra la bolsa. En resumen, se asegura que comercios son equilibrios- ambos lados terminan "plana" y felizes entre sí. Cuando la marea baja, los comercios terminan y cualquier obligación ha terminado. Esto se realiza principalmente a través de márgenes.

Básicamente, una cámara de compensación actúa como intermediario en las transacciones de futuros. Se garantiza el cumplimiento de las partes en cada transacción. El propósito del sistema de márgenes es para eliminar el riesgo que un comerciante no sea pagado si hace una ganancia.

Sistemas de equilibración del mercado varían en las diferentes industrias. Sin embargo, los elementos comunes de las cámaras de compensación son que:

1. Garantía de los traders cumplan con sus obligaciones (soluciona problemas de confianza).
2. Obliga a los traders a la cámara de compensación, no a otros traders.
3. Hace que cada bolsa de valores use la cámara de compensación para liquidar transacciones.
4. Permite que las cámaras de compensación sean parte de un mercado de futuros (división, o una entidad separada).

4C. ¿Cómo funciona el sistema de márgenes de la cámara de compensación?

Una cuenta de margen se abre y permite que el inversor pida prestado o use el apalancamiento para realizar transacciones comerciales. La cantidad que debe ser depositada antes de que ocurran las transacciones se llama el margen inicial. Al final de cada día de comercio, la cuenta de margen se reajusta o revaloriza para reflejar la ganancia o pérdida de los inversores en ese día, es decir, la cuenta es mercado-a-mercado.

El inversor tiene derecho a retirar cualquier balance en la cuenta de margen que exceda el margen inicial. Para asegurarse de que el balance en la cuenta de margen nunca llega a ser negativo, existe un margen de mantenimiento, que suele ser más bajo que el margen inicial. Si la cuenta de margen cae por debajo del margen de mantenimiento, el inversor recibe una demanda de margen. Se requiere que el inversor deposite una cantidad que hace que el margen regrese al requisito de margen inicial. Este depósito se conoce como el margen de variación.

4D. ¿Cuál es la historia de la bolsa?

Las bolsas de derivados han estado en existencia desde hace mucho tiempo. En 1848, el Chicago Board of Trade (CBOT) fue creada para unir a los agricultores y comerciantes. El cometido era estandarizar las cantidades y calidades de los granos que fueron comerciados. Unos años más tarde, se desarrolló el primer contrato de futuros, conocido como un *"contrato a llegar"*. Esto generó interés de los especuladores quienes encontraron que la negociación del contrato era una mejor alternativa a la negociación del propio grano. En 1919, el Chicago Mercantile Exchange (CME) se estableció como un mercado de futuros rival del CBOT. En la actualidad, existen bolsas de futuros en todo el mundo. La CME y CBOT se fusionaron para formar el CME Group en 2007.

El Chicago Board Options Exchange (CBOE) comenzó a comerciar opciones de compra en 16 acciones en 1973. Antes de 1973 opciones se habían negociado, pero el CBOE fue el primero en crear un mercado estructurado con contratos bien definidos. Opciones de venta comenzaron a comerciarse en el mercado en 1977. A partir de hoy, el CBOE comercia opciones en más de 2,500 acciones y muchos índices bursátiles. Ambas opciones y futuros son contratos populares para comerciar entre los inversores. Así como los futuros, las opciones ahora son intercambiadas a un nivel mundial con otras bolsas.

4E. Los mercados electrónicos

El advenimiento del comercio electrónico ha eliminado la necesidad de que las bolsas sean lugares físicos. Muchas plantas de comerciantes tradicionales están cerrando, y la comunicación de órdenes y ejecuciones se están haciendo de forma totalmente electrónica. El Eurex, la segunda bolsa de futuros más grande del mundo, es totalmente electrónica. Muchos otros, mientras eliminan el comercio en persona, ofrecen ambos comercio en persona y de comercio electrónico. El CME Group mantiene ambas el sistema de corro y el comercio electrónico. Los mercados electrónicos han dado lugar al comercio algorítmico que permite que un programa de computación automática comercie sin la necesidad de un tener un humano controlando.

4F. El tamaño de los productos comerciales

El mercado de derivados comerciados en bolsas es gigante. Conforme a una estimación realizada por el Bank for International Settlements, el nocional pendiente comerciado en bolsas era de 24 trillones a partir de diciembre de 2012 (www.bis.org/statistics/derstats.htm).

4G. ¿Qué son los mercados de derivados OTC?

El mercado "over-the-counter (OTC)" es mucho más grande que las bolsas. La unidad de tamaño es "teórico" y se mide en par (tasas de interés y crédito) o en valor de mercado (acciones y otras clases).

Pre aplicación Dodd-Frank, las transacciones se realizaban por teléfono entre dos entidades. Las instituciones financieras por lo general son los creadores de mercado para los productos que se negocian en el mercado OTC, lo que significa que siempre están dispuestos a citar un precio de oferta y el precio de demanda a un cliente. Toman el riesgo de principal - tal vez no puedan cubrir su posición totalmente y es posible que estén sometidos a los movimientos del mercado.

Debido a esto, cada institución financiera determina quiénes son sus clientes y les hace firmar documentos legales. El documento más importante define cómo se realiza el comercio y como se manejan las disputas - la ISDA. Una parte de ese documento (técnicamente un anexo) es el Credit Support Annex (CSA). La CSA define cómo se determina la constitución de márgenes. Este proceso está sujeto a cambiar cuando Dodd-Frank se tome efecto convierte en activo.

Una ventaja importante del mercado OTC es que no hay términos específicos establecidos por una bolsa, esto permite que las entidades diferentes lleguen a acuerdos mutuamente beneficiosos.

Una desventaja es que sólo dos empresas están negociando. Si uno va a la quiebra, será que la ISDA y CSA serán validos en la corte de bancarrota o será que sean expulsados y las leyes de quiebra prevalecerán?

4H. Historia de mercados de derivados OTC

Dado que el mercado OTC no tiene un "lugar" como una bolsa, es muy difícil realizar un seguimiento de la historia del mercado. Se cree que los mercados de derivados OTC han existido desde los tiempos en que la gente comerciaba bienes. Se cree que las entidades usaban un recipiente (esto representaba un acuerdo de contrato) y contendría los términos del tamaño de la materia prima, la cantidad y la fecha de la transacción (fecha de entrega) en el buque.

4I. Tamaño del Mercado OTC de productos Derivados

El mercado OTC es el mercado más grande en el mundo. Según el Bank for International Settlements, a partir de diciembre de 2012, el nocional de OTC fue de $589.4 billones (www.bis.org/statistics/derstats.htm). Hay que tener en cuenta que el valor nocional de una transacción de bolsa o de venta libre (OTC) no es lo mismo que su marca al mercado. Por ejemplo, considere el comercio de divisas OTC que se compromete a comprar 100 millones de dólares con libra británica con un cambio efectivo predeterminado en año uno. El nocional de $100 millones, es el valor que se utiliza en los $589,4 billones de dólares. Sin embargo, la marca al valor de mercado del contrato podría ser sólo $1 millón ya que el mercado no se ha movido mucho desde que el comercio se originó. El Bank for International Settlements estima que el valor de todos los contactos OTC pendiendo en diciembre de 2012 es aproximadamente $21.8 billones de dólares en una marca a base de mercado.

4J. Comparación de Futuros comerciados en Bolsas vs. OTC

Mercado de contrato a plazo

Las diferencias principales entre contrato a plazo y futuros son:

1. Los contratos a plazo son contratos privados, los futuros están listados en la bolsa, públicamente observable y estandarizados.

2. Contrato a plazo suelen hacer referencia a una fecha, pero los futuros listan varias fechas al mismo tiempo.

3. Contrato a plazo y futuros son marcados diariamente, pero dinero de margen es normalmente llamado diariamente solamente con futuros.

4. Un CSA define como un contrato a plazo es marginado. Reglas de futuros son uniformes y definidas por la Bolsa.

Ambos futuros y contratos a plazo son acuerdos para comprar o vender un activo a un precio determinado en una fecha futura. Dado que los contratos de contrato a plazos son entre dos entidades privadas, siempre existe el riesgo de que una de las entidades no cumplan con el contrato. Este riesgo actualmente está controlado y gestionado a través de documentos legales - ISDA y CSA.

Los contratos de futuros se negocian en una bolsa y están estandarizados. Un rango de fechas de entrega se especifica típicamente. Ellos se liquidan diariamente y, normalmente, pueden cerrarse antes de la fecha de vencimiento. Dado que las entidades involucradas en las operaciones de futuros tienen que utilizar una cámara de compensación como intermediario, se garantiza que prácticamente no hay ningún riesgo de crédito. La única excepción es que si el margen no ha sido publicado, un miembro debe sustituir por el otro. Es decir, el sistema de intercambio crea un vínculo entre los miembros que pueden crear una situación demasiado grande para fallar.

4K. Los usuarios de los mercados negociados en bolsa y mercados OTC.

Los operadores de cobertura - Coberturas implica tomar una posición de compensación en un derivado con el fin de equilibrar las ganancias y pérdidas del activo subyacente. La cobertura intenta eliminar la volatilidad asociada con el precio de un activo mediante la adopción de posiciones de compensación contrarias a las posiciones que el inversor tiene actualmente.

Los especuladores - especuladores hacen apuestas o conjeturas de donde creen que se dirige el mercado. Por ejemplo, si un especulador cree que una acción es cara, él o ella puede vender corta y esperar a que el precio de la acción disminuye, momento en el cual él o ella volverá a comprar las acciones y recibirá una ganancia. Los especuladores son vulnerables tanto a las ventajas y desventajas del mercado; Por lo tanto, la especulación puede ser muy arriesgado.

Arbitradores - Un tipo de inversor que intenta sacar provecho de las ineficiencias de los precios en el mercado al hacer transacciones simultáneas que se compensan entre sí y captura beneficios libres de riesgo. Un arbitrajista sería, por ejemplo, buscar las discrepancias de precios entre las acciones que aparecen en más de una bolsa, y comprar las acciones infravaloradas en una bolsa mientras venta corta el mismo número de acciones sobrevaloradas en otra bolsa, capturando así los beneficios libres de riesgo como los precios en las dos bolsas se convergen. En resumen, árbitros hacen la cobertura eficiente.

4L. La regulación de bolsa y mercados OTC

Los mercados de futuros en los EE.UU. están actualmente reguladas por el gobierno federal por la Commodity Futures Trading Commision (CFTC, www.cftc.gov). La CFTC se estableció en 1974 y es responsable de otorgar licencias a las bolsas de futuros y aprobar los contratos. La CFTC también otorgar licencias a todas las personas que ofrecen servicios al público y no toma medidas disciplinarias, pero obliga las bolsas a medidas disciplinarias.

La NFA se formó después de la CFTC en 1982. El objetivo de la NFA es prevenir el fraude y asegurar que el mercado opera en el interés del público. La NFA monitorea el comercio y puede tomar medidas disciplinarias cuando sea apropiado.

La SEC (Securities & Exchange Commision, www.sec.gov), la Federal Reserve Board (www.federalreserve.gov), y el US Department of Treasury (www.treas.gov) todos han afirmado los derechos jurisdiccionales sobre algunos aspectos del mercado de futuros sobre los efectos en instrumentos de efectivo.

4M. Tipos de productos negociados

Los derivados más comerciados en el CME en agosto 2013.

Agricultura - (1) Opciones sobre maíz, (2) Futuros sobre maíz, (3) Opciones sobre soya, (4) Futuros sobre soya, (5) Futuros sobre trigo, (7) Futuros sobre aceite de soya, (8) Futuros sobre carne magra, (9) Futuros sobre ganado vivo.

Energía - (1) Opciones europeas sobre gas natural, (2) Opciones sobre petróleo, (3) Futuros swaps Henry Hub, (4) Futuros de petróleo.

Metales - (1) Opciones sobre Oro, (2) Futuros sobre Oro, (3) Opciones sobre plata, (4) Futuros sobre cobre, (5) Futuros sobre plata.

Índices - (1) Futuros E-mini S&P 500, (2) Opciones E-mini S&P 500, (3) Futuros E mini NASDAQ 100, (4) Opciones S&P 500, (5) Futuros S&P 500.

FX (Moneda) - (1) Opciones Euro FX (Americano), (2) Futuros Euro FX, (3) Futuros Dollar Australiano, (4) Futuros Yen Japonés, (5) Opciones Yen Japonés (Americano).

Tasa de Interés- (1) Eurodólar Futuros, (2) Eurodólar Opciones, (3) Eurodólar 2 años MC Opciones.

Capítulo 5. Evolución de los Derivados de Tasa de Renta Fija.

Sigamos con los impulsores de valor de las dos matrices! Este capítulo trata sobre cómo contrato a plazo de OTC y futuros de tipo de cambio crecen más allá de préstamos de valores y el mercado de Repo / inverso. Préstamos y operaciones Repo / inverso oficios son activos alternativos.

5A. Préstamos de Valores

La mayoría de los activos de las empresa operadora están en forma de notas/bonos (refiérase a la sección de activos tradicional). Dos razones principales por las cuales esto se hace es por la estabilidad de las ganancias y porque las notas/bonos pueden prestarse fácilmente. Es diferente a la estrategia de inversión tradicional de un individuo (que tal vez incluye 60% en acciones), Empresa operadoras de grandes empresas no tiene uso para acciones que respalden su producto. Sería muy difícil planear los salarios debido a la incertidumbre de los ingresos. Las acciones se mueven demasiado de precio!

Muchos valores se pueden prestar, pero hablare más que todo de notas/bonos ya que es principalmente lo que se usa en las corporaciones Americanas. Cuando las corporaciones prestan valores, reciben dinero de alguien y la corporación les devuelve "interés perfeccionado" en la seguridad. Esto significa que si la empresa no devuelve el dinero (por lo general el comercio se realiza y finaliza el día siguiente), el prestamista puede recolectar el valor. Por lo tanto, el préstamo de valores es una forma de préstamos con garantía. Al pedir prestado un valor se te está prestando dinero en efectivo y se usa el bono como garantía a futuro.

El prestamista de valores/efectivo paga intereses sobre el efectivo recibido, pero puede invertir el dinero en otro instrumento. Si la nueva inversión gana más que el interés pagado por el efectivo, ganancias adicionales pueden resultar. Por lo tanto, si la empresa es una compañía de seguros, tenemos (1) persona compra un seguro, (2) la empresa compra valores con el efectivo de la venta de seguros, (3) la compañía presta el valor y recibe efectivo, y (4) la empresa invierte el efectivo en un segundo activo. Por lo tanto, se obtiene dos diferenciales, uno entre la valor y el pasivo del seguro y la segunda entre la activo comprado a dinero prestado y la tasa que se paga a pedir prestado el dinero en efectivo.

Esto crea apalancamiento en la empresa ya que hay dinero prestado. Por cada (digamos) $100 procedente de la venta, la empresa ahora tiene $200 en activos y $200 en pasivos.

Este comercio se descansa haciendo que la inversión de un día madure. La compañía da dinero del valor comprado con dinero prestado al nuevo corredor de bolsa, que devuelve el préstamo. El bróker entonces da la seguridad original de nuevo a la empresa y ese valor sigue apoyando el original seguro de responsabilidad civil.

5B. Mercado de Repo and Repo Inverso

Un repo típicamente es un comercio en el que la empresa (1) vende un valor "hoy" (2) obtiene efectivo "hoy" para la venta del valor y (3) se compromete a recomprar el valor en el futuro por un precio acordado hoy. La firma hace un reverso si (1) compra un valor "hoy" (2) lo paga en efectivo "hoy" y (3) se compromete a vender el valor en el futuro a un precio acordado "hoy". La empresa gana intereses sobre el dinero prestado.

En práctica, el trader en una buena entidad de crédito simplemente se compromete a comprar (Repo) un valor en el futuro a un precio acordado hoy o venderlo (repo inverso). Si estas posiciones se mueven contra el negociante, se solicita una garantía. Vamos a discutir estos conceptos más adelante con la definición de Repo y Repo Inverso.

Un Repo es diferente a un comercio de préstamo de valores el cual discutimos previamente. En un comercio de préstamo, se posta el valor como la garantía que devolverás el dinero prestado.

Tanto en un Repo y una transacción de préstamo, usted está a largo el mercado. Ganas dinero si los precios suben. En un repo inverso, se gana dinero si los precios caen.

La mayoría de los comercios se arreglan netos en el futuro en la parte delantera del Repo /inverso- el efectivo se entrega, y es la diferencia entre (1) el mercado y (2) precio fijado a través de Repo / inverso.

Por ejemplo, un Repo en $100 se conforma con $1 si el precio en el mercado al final del comercio es $101. Usted gana si los precios suben.

Un inverso gana si los precios bajan. Esto es porque usted se compromete a vender en el futuro al precio fijado hoy. Si los precios bajan en el futuro, el dinero que se recibe de la venta es mayor que el mercado. Has vendido alto y puedes re comprar a un precio bajo y obtener una ganancia.

5C. Cómo se utilizan las tres transacciones de contratos a plazo

Las tres transacciones "contrato a plazo" mencionadas tienen valores específicos. Los préstamos son una de las principales herramientas administrativas de efectivo para comerciar. Estos permiten la administración diaria del efectivo. Usted presta los valores y utiliza el dinero como desee. Usted no tiene que invertir en otro valor. Usted podría pagar una deuda hoy y mañana utilizar el exceso de efectivo para pagar el préstamo original del efectivo.

Repo y repo inverso son útiles para las coberturas. Por ejemplo, cubriendo una adquisición podría lograrse usando un Repo. Usted va a comprar una empresa. Hace un Repo hoy. Usted compra la empresa y obtiene el efectivo y los pasivos de la empresa. Va a tomar tiempo invertir el efectivo activos de nuevo en notas/bonos. El riesgo es que las tasas bajen y usted tenga problemas para apoyar los pasivos. El contrato a plazo que establezca en el Repo le pagará si las tasas bajan en el futuro. Es su cobertura.

Un repo inverso es útil si usted es un tesorero en una empresa y tienen un exceso de efectivo hoy, pero tendrá un déficit de efectivo en el futuro. Usted tendrá que emitir notas en el futuro, pero esta preocupado por la elevación de tasas. Haces un revés en la actualidad. Si las tasas suben en el futuro, su repo inverso le compensa por las tasas altas de su emisión.

Surgió una inquietud acerca de estas transacciones. ¿Ya que estaban en determinados valores, era posible que alguien "arrinconara el mercado" y manipular los precios? ¿Y si alguien se saliera de un inverso, los precios bajarán, y ese "alguien" debía dinero y no pagará? Estas operaciones eran entre instituciones financieras grandes, pero estas instituciones todavía pueden fallar. Por estas y otras razones, nacieron los futuros comerciados en bolsa.

5D. Futuros de ingreso fijo

Puede pensar en repos e inversos como OTCs que son similares a ir largo o corto en un futuro en una bolsa como el Chicago Board of Trade (CBOT / CME).

Considere la posibilidad de hacer un repo. Ningún dinero cambia de manos inicialmente (recuerda, la definición requiere una venta inicial) y uno establece un precio en el futuro al cual uno puede comprar el valor. Con futuros, no hay dinero inicial (a excepción de una pequeña cantidad que es la margen inicial) y uno establece un precio en el futuro al cual uno puede comprar un valor.

La idea detrás de un futuro era simplificar y estandarizar repos e inversos. En lugar de un valor específico, uno iba a corto (hizo un revés - acordaron un precio de venta futuro) o iba a largo (hicieron un repo - acuerdo en un futuro precio de compra) un genérico (por ejemplo) de cinco años.

El aspecto genérico se logró fijando el precio del futuro usando una cesta de valores. El valor que era "más barata de entregar" era la seguridad que el futuro utilizó para fijar los precios.

En resumen, repos y repo inversos son operaciones en las que algo está comprado o vendido en un futuro a un precio acordado hoy. Se hacen con un corredor y son simplemente otra forma de una transacción contrato a plazo. Están preciados con la suposición que el cedente del contrato a plazo tiene su propia cobertura.

La cobertura para un Repo requiere vender corto un futuro ya que el contrato a plazo en el Repo requiere compra. La cobertura para un inverso requiere compra (o ir a largo) un futuro. Por último, los futuros se realizan en las oficinas públicas y por lo general hacen referencia a un valor en una cesta de valores.

5E. Intercambio de Tasas de Interés

Derivados de tasas de intercambio (por ejemplo, bonos y pagarés a futuro) crecieron de las transacciones repo e inversos. Repo y repo inversos son utilizados por corredores para cobertura durante la noche y la administración de efectivo.

El intercambio de tasas de interés tiene un origen muy diferente. Fueron creados inicialmente para cambiar la tasa flotante de endeudamiento a tasas fijas o viceversa. Por ejemplo, suponga que usted tiene una empresa que no tiene crédito suficientemente para pedir prestado a una tasa fija por 10 años. El prestamista podría darte el préstamo a una tasa flotante. Es decir, el cupón se actualiza cada 3 meses sobre la base de un índice, por lo general la Tasa Bancaria de London Interbank, que supuestamente es la tasa que los bancos en Londres se cobran a sí mismos para pedir prestado y prestar dinero durante 3 meses.

Puede fijar esa tasa flotante al hacer un intercambio de tasas de interés. El intercambio tiene dos componentes - recibido flotante y la pago fijo. El tipo de interés flotante recibido en el intercambio cancela la tasa flotante pagada por el préstamo. Lo que queda es la tasa fija que fue pagada en el intercambio.

Ha utilizado derivados para crear un préstamo de tasa fija "sintético". Las condiciones de las tasas flotantes del intercambio son idénticas a las condiciones de las tasas flotantes en el préstamo. Es importante tener en cuenta que el crédito de los préstamos flotantes, puede ser diferente que el crédito del intercambio. En este ejemplo, la empresa es el crédito en el préstamo con tasas flotantes (porque paga la tasa flotante).

El crédito en el intercambio es complicado. Supongamos que las tasas fijas han bajado. Usted está pagando 5%, pero el mercado paga 4% (para recibir 3 meses de Libor flotante) durante 10 años. Usted supera el mercado por 1% al año durante 10 años. Por $100 "nocional" de un intercambio, es $1 por año durante 10 años o $ 10, olvidando la valoración presente.

El intercambio nocional es igual al par de un bono. Es el tamaño de la permuta. Dicho de otra manera, el nocional de una permuta multiplicado por la tasa multiplicado por el tiempo de la tasa (3 meses?) define la cantidad de dólares para pagar o recibir el pago.

Aunque los intercambios fueron creados para modificar las condiciones de los préstamos, también se pueden utilizar como contratos a plazo al igual que repos y inversos. Si desea vender un valor de diez años por 6 meses, pagar un precio fijo y recibe una tasa flotante con las dos "patas" del intercambio comenzando en 6 meses. Al final de 6 meses, desenvuelva el intercambio. Si las tasas fijas han aumentado un 1%, se le debe pagar el valor actual de 1% durante 10 años. El mismo resultado que anteriormente $10 por cada $100 nocional del intercambio, omitiendo el valor actual.

En el ejemplo anterior, tenga en cuenta la pierna flotante no es un problema. Está flotando y mientras el intercambio no se haya iniciado, está en el mercado porque el cupón flotante no se fijó.

Recibir fijo con un contrato a plazo intercambio es como un valor repo. Si las tasas caen al final del período, te pagan. Si suben, tú pagas.

El pago fijo es como comprar un inverso de un valor. Si las tasas bajan, usted paga, si las tasas suben, le pagan.

Como el intercambio típico no cuesta nada hoy, permutas de contrato a plazos son una forma de transacción de contratos a plazo. Son como futuros, repos, inversos. El dinero fluye del cambio de condiciones después de que la posición se establezca.

Es importante notar que la Reserva Federal hace Repos y inversos con distribuidores. Cuando hacen eso, el comercio se mira de su perspectiva. Es decir, el Repo es la inversa del distribuidor. En este capítulo, lo hemos visto desde nuestra perspectiva y hemos tenido la libertad de no tener a los Fed involucrados!

Capítulo 6. Derivados de Crédito de Renta Fija.

Los derivados de crédito aseguran en contra del riesgo de incumplimiento. Una persona paga una prima y si se una falla ocurre, se le paga la suma asegurada. Están comprando protección predeterminada sobre una empresa. El otro lado de la transacción recibe la prima y debe pagar la suma asegurada si algo falla. Las condiciones típicas podrían ser $1 por primas anuales durante 5 años por una suma asegurada de $100.

6A. El Comprador de Protección Paga Una Prima y Compra Seguro.

Suponga que usted es el comprador de la protección y asume las cantidades anteriores. Usted compró protección, ya que pueden perder si la empresa falla. Usted paga $1 por año hasta que (1) han pasado 5 años o (2) quiere devolverlo antes de los 5 años o (3) o algo falla. En (1), pago el seguro y afortunadamente nada fallo.

En (2), ya no es necesario el seguro. Desenrollar el comercio podría costar o puede que le page. Costaría si el costo actual del seguro es (digamos) $ 0.75 por año. La compañía mejoró el crédito en este caso. Si usted tenía un plazo remanente de 2 años, el costo sería de $.50 para desenrollar (sin incluir las consideraciones de valor actual - vea la siguiente sección). Es decir, lo que está pagando por año menos mercado ($1 - $0.75 = $0.25 por año durante 2 años).

Por el contrario, se le pagará si la prima era $2 por año. El pago sería de $1 por año durante 2 años o $2, de nuevo sin incluir el valor actual.

Acabamos de ver que un derivado de crédito puede resultar en pérdida o ganancia sin el impago. Es sensible a la prima que está pagando en relación con la prima presente en el mercado. Por lo tanto, como un bono corporativo normal, los cambios en la diferencia de crédito se reflejan en el precio.

Por último, si un incumplimiento de pago ocurre, el comprador de la protección recibiría la suma asegurada o $100 y le da el bono incumplido al vendedor. Por lo tanto, el vendedor paga $100, pero recupera la fianza. A este punto el contrato se terminaría.

En la práctica, la solución habitual es una liquidación neta en efectivo. El vendedor de la protección paga $100 y sustrae la recuperación del bono al comprador.

6B. El Vendedor de Protección Recibe Una Prima y Vende Seguros.

En este ejemplo, al vendedor de protección se le paga $1 por año. Si (1) pasa, se le pago $1 por año y no tuvo que pagar los $100 que estaban asegurados. El vendedor puede desenvolverse (2) independiente del comprador. Es decir, los mercados se hacen para permitir la compra y venta. Si hay un desequilibrio, el bróker asume el riesgo (llamado riesgo de principal). El corredor puede tener un inventario de bonos y ser feliz de ser una protección a largo neto, por ejemplo. Él está muy bien con ser una protección a largo en uno de sus bonos en el inventario porque en caso del incumplimiento de la empresa, el seguro paga.

El vendedor pagaría por desenrollar el comercio si la prima se hiciera $2 por año. Ellos están consiguiendo solamente $1 alguien en esa posición querrían ser recompensado por la diferencia. Por supuesto, esos son los $2 que el comprador tenía que pagar, sine tener en cuenta compra/ venta del corredor y el valor actual.

Por último, (3) por incumplimiento de pago requiere que el vendedor pague la suma asegurada de $100 y obtener el bono. Son, pues, a cabo una recuperación del $100 menos.

6C. Las Definiciones de Impago

Las definiciones de impago para unos títulos de bonos son (1) Declaración de quiebra y (2) fallo de hacer pagos. Los derivados de crédito añaden otra- reestructuración. La reestructuración se refiere a un cambio en los términos de un préstamo realizado por la empresa que perjudican al prestador. En pocas palabras, el valor actual de los pagos que la empresa hace, es menos en alguna obligación.

La reestructuración permitió que los bancos le dijeran a los reguladores que la compra de protección en la empresa permite a los bancos eliminar efectivamente un préstamo a la empresa. Cualquier pérdida de ese préstamo está cubierto y por lo tanto no se requiere una reserva incremental por incumplimiento.

La reestructuración crea el potencial para el abuso. Un banco podría darle un préstamo a una empresa, comprar protección en la empresa y decidir reestructurar el préstamo que acabo de hacer. La reestructuración podría generar un incumplimiento en el derivado de crédito, pero no el bono. Por lo tanto, el comprador de protección obtendría (digamos) $100 del vendedor de protección y le daría el bono al vendedor. El comprador lo obtiene todo, ya que pagaron $100 por el bono en el principio y consiguieron $100 del vendedor. El vendedor puede no salir ganando, depende de dónde pueden vender el bono.

Hasta hoy en día la única protección contra esto es que el mercado se cerraría si esto ocurriera!

6D. Valoración de derivados de crédito

El concepto central de la fijación de precios es que uno obtiene de la prima lo que uno espera perder si un incumplimiento ocurre. Más formalmente, probabilidad de sobrevivir * prima de Crédito Derivado = Probabilidad de no sobrevivir * Pérdida por incumplimiento.

Esto supone que el comprador y el vendedor son racionales y cada uno siente que el acuerdo es justo. También supone que su horizonte de inversión es el mismo que el período asumido aquí (o, en general, el horizonte es el mismo que el vencimiento del derivado de crédito).

Por ejemplo, 98.36% * $1 = 1.64% * $60 digamos que por un derivado de crédito que se vence en 1 periodo, si la probabilidad de supervivencia es de 98.36% y la pérdida si un incumplimiento ocurre es de $60, la prima razonable es $1. La pérdida es de sólo $60, no $100 ya que se supone que uno paga los $100, agarra la nota de incumplimiento y recupera $40 en la venta de la nota. Por lo tanto, la pérdida es la suma asegurada menos la suma recuperada.

Tenga en cuenta que si se conoce la prima de mercado ($1), y se asume que la recuperación ($ 40), se puede encontrar la probabilidad de supervivencia ya que habría una ecuación con una incógnita. Es decir, p * $1 = (1-p) * $60 o $ 61 * p = $60. Así p = .9836.

6E. ¿La fijación de precios corresponden con las tablas publicados por las Agencias de Calificación?

La respuesta corta es no. Precios de crédito derivado son impulsados por el mercado. La Agencia de Tablas de Calificación son impulsados por el juicio, más mercado.

Por ejemplo, alguien que estás haciendo comercio en el mercado podría comprar protección no por razones de un incumplimiento de pago, sino porque creen que los diferenciales se ampliarán en un crédito. Dado que existe el comercio activo de derivados de crédito, los diferenciales más amplios para comprar la protección de lo que uno obtuvo anteriormente significa que al comprador se le paga al cerrar la negociación con un bróker. Un incumplimiento no tiene que suceder para recibir el pago (o para pagar).

Además supongamos que el comprador en un caso hipotético cree que el evento va a pasar en los próximos tres meses. Este tenor no comercia en el mercado - sólo el vencimiento a cinco años es muy líquido.

¿El resultado? La diferencia en precio de derivados de crédito de cinco años comienzan a ancharse mientras que se compra protección. Esto no es debido a preocupaciones de incumplimiento durante un período de cinco años, pero porque alguien cree que los diferenciales simplemente aumentarán en los próximos tres meses! El modelado es un poco ingenuo en asumir el horizonte de inversión del inversor es el mismo que el vencimiento de la inversión. Dicho de otro modo, la gente compra notas de 10 años, sin esperar mantener las notas durante 10 años y ganan o pierden dinero en el rendimiento a los cambios de vencimiento!

Por lo tanto, el modelado es muy condicional. Los resultados de los derivados de crédito podrían ser comparables a las tablas de incumplimiento de Agencias (1) si el horizonte de inversión del inversor de crédito derivado es el mismo que el vencimiento de la inversión y (2) si el motivo del comercio es por incumplimiento, y no simplemente para ampliar los diferenciales.

Capítulo 7. El resto de las clases de activos - Capital (pública y privada), Materias Prima, Moneda y Bienes Raíces

7A. Inversiones alternativa de capital publica

Hay muchos tipos diferentes de inversiones alternativas de capital pública. Esta sección comienza con una descripción general y luego describe algunas de las alternativas de capital (las categorías a veces parecen no tener fin).

Descripción General

Así como con renta fija, renta variable tiene contratos a plazo, futuros y opciones. La diferencia principal es que el dividendo de la acción no es tan cierto como el cupón de un bono. Tal vez por eso la fijación de precios de contratos a plazo en renta fija es durante períodos mucho más cortos de tiempo que la renta fija. Simplemente hay más incertidumbre de los precios de contrato a plazos!

Independientemente de la razón, en la actualidad los futuros de renta variable podrían salir en un año, en el mejor caso. Además, a diferencia de renta fija, contratos a plazo de renta variable suelen aumentar en precio al salir a tiempo en comparación con la renta fija. Esto es estrictamente una función del los precios de contrato a plazos - si la tasa del dividendo es menor que en la tasa de préstamo, uno exige más dinero en el precio del contrato a plazo para pagar el costo neto del exceso de equipaje. Por esta razón, todos los demás factores iguales, opciones de compra de renta variable que se ejecutan a un precio del presente son más caras que opciones de venta de renta variable, pero es todo lo contrario en relación a las opciones de renta fija.

Dicho de otro modo, la frase "en el dinero" en realidad se refiere al precio a plazo para propósito de valoración de opciones. Si la el precio de ejercicio es de $100 y el contrato a plazo es de $103, más de la mitad de la distribución está más allá del precio de ejercicio y la opción de compra vale más que si la opción de compra es ejecutada a $103 (contrato a plazo en el dinero).

Aparte de la cuestión de dividendos, otra diferencia entre renta fija y renta variable es que la opción de capital es más popular es en un índice -el índice S&P 500. Hay varias razones por lo cual esto es posible. Por ejemplo, la popularidad de los fondos cotizados o ETF que son S&P 500 hace la compra de opción de venta de S&P atractiva. Las compañías de seguros ofrecen productos de seguros con la ventaja de S&P 500 y compran opción de compra para cubrir contra el desastre. Muchos fondos de cobertura compran opciones de venta de índices para cubrir contra el desastre.

Ahora vamos a enumerar algunas de las categorías de capital alternativas

7A1. Fondos Cotizados

Un Fondo Cotizado (ETF) es un valor que realiza el seguimiento de un índice, una mercancía o una cesta de activos como un fondo de índice, pero se negocia como una acción en la bolsa. A diferencia de los fondos mutuos, que tienen similitudes con los ETF, los cambios de precios de los ETF ocurren durante del día mientras se compran y venden. Además, las cuotas de los ETFs, por lo general, son menos en comparación con las cuotas de fondos mutuos.

7A2. Derivados negociados en Bolsa

7A2a. Renta variable Futuros de una acción

Futuros de una acción son contratos entre dos inversores donde el comprador se compromete a pagar un precio fijo por 100 cuotas de una acción individual en un punto predeterminado en el futuro y el vendedor se compromete a entregar las acciones al precio determinado en la fecha futura especificada. SSF se intercambian en el One Chicago Exchange o OCX (Http://www.onechicago.com/). Ir en largo de un futuro de una acción es similar a mantener la acción subyacente. Algunas de las diferencias son que no tiene ningún derecho de voto o dividendos cuando manteniendo la SSF, se puede utilizar el apalancamiento para comprar un SSF esto significa que puede utilizar menos dinero en efectivo por adelantado pero esto hace que sea una inversión más arriesgada, tomando una posición corta en un SSF es más fácil porque no hay ningún aumento de requisitos, y un SSF ofrece flexibilidad a los inversores y se puede utilizar para especular, cubrir, o tomar ventaja de las oportunidades de arbitraje.

7A2b. Renta Variable Futuros del Índice

Los futuros del índice son contratos de futuros sobre un índice bursátil o índice financiero. Un contrato de futuros sobre el índice siempre se paga en efectivo. Los futuros del índice son utilizados por muchos profesionales para cubrir su cartera contra los movimientos del mercado. Por ejemplo, digamos que un administrador de portafolios considera que los mercados se moverán a la baja. El gestor de portafolio puede vender futuros del índice de S&P 500 como una manera de prevenir su portafolio del riesgo a la baja.

7A2c. Opciones sobre acciones individuales

Las opciones de bolsa sobre acciones individuales son los derivados de capital mas negociados. Las opciones se intercambian en más de 2,500 acciones diferentes. Los términos del contrato (la fecha de vencimiento, el precio de ejercicio, los afectos que los dividendos tienen sobre el precio de una opción, límites de posición, etc.) son especificados por la bolsa. Opciones de capital se expiran el tercer viernes de cada mes. En los Estados Unidos, las opciones sobre acciones se negocian en un ciclo mensual. Espaciamiento de los precios de ejercicio de una opción se determina por el precio de la acción subyacente. Si la acción tiene un precio entre $5 y $25, entonces el espaciamiento es de $2.50, si tiene un precio entre $25 y $200, entonces el espaciamiento es de $5, y el espaciamiento es de $10 para cualquier acción que tiene un precio más de $200. Las opciones sobre acciones por lo general no cambian cuando se produce un dividendo a menos de que el dividendo sea grande. En el caso de que un dividendo sea grande los precios de ejercicio serán reducidos por la cantidad del dividendo.

7A2d. Opciones sobre Futuros de Índice de renta variable

Un contrato de opciones sobre futuros le da el derecho, pero no la obligación, de entrar en un contrato de futuros a un precio determinado de futuros con una fecha determinada. La ventaja de negociar opciones sobre futuros es que le proporciona mayor liquidez que las opciones de los miembros individuales.

7A2e. Opción sobre Índice de renta variable

Las opciones también pueden ser negociados en los índices tales como el S&P 500 (SPX), el índice S&P 100 (OEX), Nasdaq-100 Índex (NDX), y el Índice Industrial Dow Jones (DJX). Contratos de opciones de índice por lo general son de estilo europeo. Una excepción es el índice S&P 100. Es de estilo americano. Un contrato de opciones es igual a 100 veces el índice. Esto significa que el titular de un opción de compra recibe (S-K) * 100 al vencimiento de la opción mientras que el autor de la opción de compra paga esa cantidad y el titular de una opción de venta recibe (K-S) * 100 mientras que el escritor de una opción de venta paga esa cantidad. Aquí K es el precio de ejecución y S es el precio actual de las acciones.

7A3. Derivado de renta variable extrabursátil (OTC)

La mayoría de derivados de renta variable extrabursátiles son opciones. Algunos se han vuelto tan comunes que tienen títulos especiales.

7A3a. Certificados para compra

Un certificado para compra es un valor derivado que da el derecho al tenedor de compra valores (generalmente renta variable) del emisor a un precio determinado dentro de un cierto período. Por lo general tienen vencimientos de 3 a 5 años. Básicamente, son opciones de compra extendidas. Órdenes a menudo se incluyen en una nueva emisión de deuda como un "edulcorante" para atraer a los inversores. Ellos dan alza al capital a las inversiones de deuda. Cuando están unidos a la deuda en sí (y no se emiten por separado) se forman en bonos convertibles (véase más adelante).

7A3b. Opciones sobre Acciones para Empleados

Esto se les da a los empleados como recompensa de su servicio. Opciones sobre acciones no calificadas requieren que se page impuestos de ingreso sobre la diferencia, o "spread" (la propagación) entre el precio garantido y el valor del mercado de acciones cuando se compran las acciones ("ejecución de la opción"). Opciones sobre acciones incentivadoras (conocidas también como opciones sobre acciones "calificadas" porque califican para recibir un trato fiscal especial) aplaza cualquier impuesto cuando para cuando venda las acciones. Ningún impuesto de ingreso se debe garantir o cuando reciba las acciones a través del ejercicio de la opción. El impuesto es diferido hasta que venda las acciones que ha recibido a través del ejercicio de la opción.

7A3c. Opciones sobre capital exóticas extrabursátiles

Opciones exóticas extrabursátiles son opciones, no estandarizadas, creadas por "ingenieros" financieros para satisfacer las necesidades de cobertura en el mercado. Las instituciones financieras, gestores de fondos y tesorerías corporativas utilizan las opciones exóticas por razones de contabilidad, fiscal, legal y regulatoria. Algunas de las opciones exóticas más conocidas son las opciones binarias, asiáticas, y bermudas. Las opciones binarias son opciones que le pagan una cantidad fija predeterminada o nada. Una opción asiática es una opción donde el pago depende del precio promedio del activo subyacente durante la vida de la opción. Una opción de Bermudas es una opción que se puede ejercer temprano, pero sólo en ciertas fechas específicas. Una opción europea es una opción que puede ejercerse en una sola fecha, que suele ser la fecha de vencimiento de la opción. Una opción americana es una opción que puede ejercer en cualquier momento antes de la fecha de vencimiento. La mayoría de las opciones negociadas en bolsas son opciones estructuradas americanas.

7A4. Swaps de acciones

Swaps de acciones son acuerdos para intercambiar el retorno total (dividendos y ganancias de capital) realizadas en un índice de acciones, ya sea fija o una tasa de interés variable (un tipo de referencia como LIBOR se utiliza comúnmente). Swaps de acciones se ejecutan en los mercados OTC por grandes empresas financieras, bancos y banqueros de inversión.

7A5. Convertibles

Un valor convertible combina la deuda y la exposición a capital. Es un bono o acciones preferentes que le brinda la opción de convertir sus tenencias en acciones comunes. El precio del convertible depende del precio de las acciones ordinarias subyacentes y la característica convertible (es decir, el número de acciones que se pueden comprar durante un período determinado) es fijo.

7B. Inversiones alternativas de capital privado

Un fondo de capital privado puede contener muchos tipos diferentes de inversiones (u ofertas). Tradicionalmente, LBO y Venture son la mayoría. Sin embargo, estos fondos cada vez más se están abriendo a todos los otros activos alternativos. Primero vamos a discutir cómo los fondos se invierten en un acuerdo y luego cómo los inversores invierten en un fondo.

7B1. Cómo socio general y el fondo invierte en un acuerdo

Cuando un administrador de capital privado invierte en un acuerdo específico para poner en un fondo, el tipo de inversión puede variar. Por ejemplo, puede ser capital o deuda, difiere en el nivel de antigüedad (quien se le paga primero en una quiebra), en tiempo de recuperación de la inversión, etc. La definición del carácter de la contribución y la forma en que será pagado se llama la definición de la " estructura capital" de la inversión de los fondos.

Suponga que el fondo hace una inversión de $15 millones en un acuerdo que se destinará a un fondo que están manejando. La inversión tiene una estructura de capital de 40% capital y 60% deuda. El acuerdo se vende en 7 años. Esto podría ser estructurado de la siguiente manera:

7B1a. La inversión inicial en el acuerdo

El tramo de 40% capital podría ser compuesto por capital común (10%) y las acciones preferentes de capital (30%).

El tramo de capital común así sería $1.5M en totales (10%) y sería la primera pérdida si la inversión pierde. El socio general podría contribuir $300,000 (2%) y el fondo $1,200,000 (8%).

Las acciones preferentes totalizarían $4,5 millones (30%) con un rendimiento del 10%. Estas son acciones de dividendos altas, pero el dividendo sólo se paga al final. Es decir, el dividendo esta capitalizado. Esto hace que las acciones preferentes sean un flujo (fluido) de efectivo "amortiguador". Permite la variación en el flujo (fluido) de efectivo a través del tiempo ya que el dividendo no tiene que ser pagado hasta que el acuerdo termine. Las acciones no tienen ningúna apreciación de capital que no sea el dividendo de la capitalización (por lo que son realmente como un bono cupón cero).

Por último, la deuda quizá se amortiza (el principal se paga a lo largo con el interés) a través de 10 años y es un bono de alto rendimiento. El negocio asociado con el acuerdo podría haber financiado y distribuido esta parte por sí mismos fuera del fondo de capital privado.

7B1b. La distribución final de un acuerdo

Entre las distribuciones iniciales y finales, los flujos (fuidos) de efectivo han ido a pagar el principal de la deuda y los intereses y cualquier dividendo de acciones. A la terminación del acuerdo (7 años), asume que la inversión se vende por $17 millones. ¿Qué obtienen las diferentes partes de la estructura capital?

Supongamos que el bono de alto rendimiento cuenta con $3.5 M en principio. A estos inversores de deuda se les pagan primero.

Las acciones preferentes son las que siguen. Ellas se han apreciado a $8.769 millones ($4.5M millones * 1.10 ^ 7).

El dinero restante se reparte entre los accionistas del Fondo y socio generalas en proporción a su inversión inicial. Para más detalles, véase el Apéndice asociado a esta sección.

7B2. Cómo los inversores invierten en el fondo

Acabamos de ver cómo los gestores de un fondo pueden invertir en acuerdos, pero ¿cómo es que un inversor compra acuerdos de fondo de capital privado? ¿Qué obtienen si invierten?

Como inversor, primero cometerá una suma de dinero al fondo. Si se obtienen suficientes compromisos, el fondo se abre y los gestores de inversión (socio generales) empiezan a invertir en negocios (tal como anteriormente, pero hay muchas variaciones en la forma en que invierten). De este modo se inicia el período de "reducción" en la que se pide el capital comprometido por parte del inversor de parte del socio general para invertir en acuerdos.

El capital acumulado dispuesto se llama "pagado en capital". Es el dinero total que el socio general ha invertido de su capital comprometido. La cuota de gestión del socio general es un porcentaje de esta cantidad.

A través del tiempo, algunas de las inversiones se vencen y devuelven el dinero al fondo. El resto están a precios de mercado. El total de estos dos resultados son reducidos por las distribuciones al inversor y "interés".

El concepto de interés es simple - el socio general debe ser recompensado por retornos arriba de un cierto nivel en adición a la cuota de gestión del socio general. La ejecución es compleja. Por ejemplo, debe incluir la actualización en las inversiones no realizadas o sólo aquellas realizadas? ¿Y si el socio general le va bien un año y no en el siguiente? La recompensa debe ser "retrasada" después de un mal año? Se graba como ingresos (Capital) o capital ordinario?

En resumen, el inversor obtiene los resultados de la inversión en acuerdos después de los gastos de gestión y interés se paga a los socios generales. Recomendamos calcular el TIR (Tasa interna de retorno) de los inversores teniendo el capital utilizado (capital dispuesto) como negativos (salidas) cuando se produzcan y teniendo los números positivos de las afluencias realizadas cuando ocurren. Es decir, no se incluye la actualización al mercado.

7C. Inversiones Alternativas de Materias Primas

Hay productos duros y blandos. Un ejemplo de un productos duró podría ser metales y un ejemplo de un producto blando podrían ser granos.

Los derivados de materias primas tienen un aspecto que los derivados "financieros" no tienen. Durante el período de fijación de precios, no hay un "cupón". Sólo hay costo. Por lo tanto, la "situación normal" de los precios a contrato a plazo es que suben de precio mientras uno observa el precio de los contrato a plazos de las materias primas más distantes.

Ellos suben de precio para satisfacer la manera estándar de derivados de precios - el precio de ejecución más cargado neto. Sólo que cargado neto solamente tiene una entrada - costo. En un momento en el tiempo, el precio de un contrato a plazo de un mes podría ser de $1500 de oro, un precio a plazo de dos meses de $1550, etc. Si es más bajo en el mes lejano, un comerciante de materias prima lo llama "atraso en entrega de acciones". Tenga en cuenta que "atraso en la entrega de acciones" es el estado normal de renta fija. Esto se debido a que el acarreo de renta fija tiene dos entradas - el cupón y el costo y el cupón es mayor que el costo.

Las materias primas son muy técnicas. El flujo de comercio que realmente establece el precio no es el supuesto "efectivo y acarreado" aritmética asumido por todos los demás derivados.

7D. Inversiones Alternativas de Moneda

Uno vender (digamos) $100 USD para obtener $90 euros. Una transacción al contado (transacción de precio de ejecución) se asienta hoy y una transacción de un contrato a plazo se asienta en el futuro. El intercambio de USD para el EURO ocurre al final de la transacción. No se requiere ningún dinero al principio - estas son operaciones sin fondos y por lo tanto son derivados.

¿Cómo se sabe si el intercambio de las monedas es justo?

7D1. PPP

Si la producción mundial se determinará mediante la fabricación y todos los países crearan los mismos bienes, podríamos tener una forma sencilla de determinar lo "justo". $100 USD en los estados compra exactamente la misma canasta de bienes en los estados como ir a Europa, el intercambio de $100 USD por $ 90 EURO "precio de ejecución" y el pago de $90 euros para la canasta. Este enfoque es "paridad de poder de compra" o PPP.

Como siempre en la fijación de precios, la mejor teoría se define por la forma en que el jugador más grande en el mercado piensa sobre el valor! Como 2/3 del PIB (Producto Interno Bruto) es el sector de servicio, no la fabricación, existe un problema con PPP desde el primer momento.

7D2. Diferenciales de tasas de interés

Dado que el flujo de dinero y la inversión está involucrado en todo, los diferenciales de tasas de interés sugieren otra teoría de la fijación de precios de divisas. En la forma más simple, la compra de una nota de dólares denominados en USD y la ganancia de intereses durante algún período debe ser igual a una cantidad de dinero al final que es la misma a la inversión extranjera que se describe a continuación.

La inversión extranjera tiene tres partes. En primer lugar, en el precio de ejecución del presente convierte su USD a la moneda extranjera. En segundo lugar, compra la inversión extranjera en la moneda extranjera. En tercer lugar, un contrato a plazo en el precio de ejecución del presente convierte toda la moneda extranjera de regreso a USD en el futuro. El tercer paso es un contrato a plazo de moneda. Todos los tres pasos se realizan el primer día.

Esta inversión extranjera debería dar la misma cantidad de USD al final si la tasa del precio de ejecución de la moneda en el presente, contrato a plazo sobre tasa de cambio y tasas de interés extranjeras son "justas". Una forma más sencilla de entenderlo, es que si la tasa de interés de un país es más alta que otra, las dos transacciones de moneda (precio de ejecución y contrato a plazo) deberían eliminar esa ventaja. Tasas de cambio de monedas deben "nivelar" todos los diferenciales de tasas de interés.

Por supuesto, hay muchas suposiciones que esta teoría hace. Por ejemplo, es el crédito de los dos países igual? ¿La inversión requerirá un comercio de avance o muchas operaciones a plazo si tiene cupones periódicos durante un cierto período de tiempo?

Por último, cabe señalar que en la mayoría de la cobertura de monedas en práctica simplemente cubre vendiendo un contrato a plazo (de regreso a la moneda de origen) el precio de compra original. Es decir, el movimiento del mercado (precio final) y la incertidumbre sobre los flujos (fluidos) de efectivo provisionales de la inversión crea un riesgo secundario en la moneda en la mayoría de las operaciones de cobertura de la vida real.

7E. Bienes Raíces

Hay varias maneras en que los inversores pueden invertir en bienes raíces.

Claramente, la primera es la casa de uno. Tambien hay fondos de inversión. Una tercera alternativa es un fondo de inversiones en bienes raíces (REIT). Estas son entidades con grupos de inversores. Debido a que estos REIT pagan un gran porcentaje de sus ingresos a los inversores (y es deducible de impuestos), ellos pagan impuestos federales mínimos. Esto evita un doble impuesto. Típicamente uno puede invertir en capital o deuda de un REIT como uno puede con la mayoría de las empresas.

Si uno tiene más para invertir, uno puede invertir en propiedades residenciales o comerciales individuales. Esto requiere un millón y hacia arriba y por lo general está fuera del alcance de una inversión individual. Esto se llama bienes raíces "préstamo mayorista".

Por último, uno puede invertir en propiedades comerciales a través de las inversiones estructuradas. Se pueden encontrar piezas pequeñas de tramos de CMBS. Vea el siguiente capítulo de las inversiones estructuradas.

Capítulo 8. Papel estructurado.

¿Cuáles son las características del papel estructurado? ¿Cuáles son algunos ejemplos?

8A. Alternativas Financiados Que Están Estructurados

8A1. La familia de C - 's (CMO, CLO, de la CBO, CMBS)

Uno de los primeros títulos de estructura fue un CMO o Obligación Hipotecaria. Las hipotecas residenciales individuales se agrupan en un fideicomiso.

Como se explica en el segundo capítulo, un fideicomiso no es más que una entidad legal definida por un contrato de fideicomiso. El contrato define los activos y pasivos del fideicomiso. Un fideicomisario se asegura que se siga el contrato de fideicomiso y que el flujo (fluido) de efectivo del conjunto de activos llegue correctamente a las notas o tramos. Debido a que el inversor paga por los tramos, a la persona que originó los préstamos en el conjunto se le devuelve el dinero y ya no está en riesgo. Las agencias de calificación definen el crédito de los tramos.

El principal y el efectivo de intereses fluye de los activos y se dirige de manera diferente a los pasivos / notas / tramos de la confianza.

Los tramos pueden recibir el efectivo de los conjuntos "proporcional". Esto significa que la proporción que reciben depende del tamaño de los tramos o "par".

La distribución más popular es en cascada. En primer lugar el tramo más elevado se lleva todos los pagos del principal del conjunto hasta que se pague el tramo de rango superior par, después el siguiente tramo, etc. Todos los tramos simultáneamente obtienen el flujo (fluido) de efectivo que producen los intereses. Los prepagos reducen el conjunto y el tramo activo de rango más alto.

En ambos abordajes, incumplimiento primero reduce el conjunto y la parte inferior del tramo más activo (el presente tramo de "renta variable").

Un CLO es parecido, pero utiliza los préstamos bancarios en lugar de hipotecas. Muchos de estos préstamos provienen de capital privado. Cuando una empresa de capital privado compra a una empresa con préstamos. Esto se llama una adquisición apalancada o LBO. El prestamista (con un banquero de inversión) crea un conjunto de préstamos y los inversores compran los tramos de esta estructura. Su precio de compra de los tramos fluye de vuelta al prestamista y el prestamista es libre de volver a prestar.

Por último, un CBO (Obligación garantizada con bonos de grado no inversor) utiliza bonos en el conjunto y CMBS conjunta préstamos comerciales enteros.

8A2. artículo estructurado de crédito

En la forma más pura, un grupo de derivados de crédito que venden protección en diferentes créditos que están en un conjunto. Dado que el comprador de protección paga una prima al vendedor de la protección, el conjunto tiene un flujo (fluido) de efectivo.

Por lo tanto, los conjuntos de derivados de crédito crean flujos de efectivo que se pueden "tramear". Una vez más, los inversores compran los tramos, pagándole al emisor que compró los derivados de crédito del vendedor original.

En una forma menos pura, notas corporativas se utilizan en el conjunto. Esto es menos puro ya que las notas pueden tener diferentes vencimientos, pueden tener descuento y/o prima (precio más alto que el par), etc.

8B. Alternativas no financiadas (financiados) que están estructuradas (estructurados)

8B1. Hipoteca de TBA

Tal vez el primer documento estructurado no financiado era el TBA de hipotecas residenciales. Esta seguridad no está financiada y paga en el futuro. Es un ejemplo de una estructura de tasas de interés OTC (celda 1 en la matriz de reparto en el Apéndice del Capítulo 2).

Si hipotecas individuales satisfacen una serie de características, se les permite agruparse en un fideicomiso. El derivado TBA referencia el valor de ese conjunto, incluso antes de que se formará el conjunto y se conocían las hipotecas exactas!

Esto se podría hacer debido al gran número de hipotecas en el conjunto y el conjunto de características definidas requeridas antes de que la hipoteca pueda ser puesta en el conjunto, que hizo el conjunto homogénico.

Es decir, una hipoteca TBA es un conjunto genérico y existe antes de que anuncien las hipotecas específicas en el conjunto. Las hipotecas exactas en el conjunto están por "Por Anunciarce" que significa que no se han anunciado (TBA), pero las características son homogéneos en cupón, vencimiento, etc. La solución de la TBA es un contrato a plazo cierto número de meses (1, 2, etc.).

Hipoteca de TBA no se divide en tramos. Es decir, hay un TBA cada mes y el tipo de grupo de hipotecas.

8B2. Derivados en Tramos

Un ejemplo de un derivado de contrato a plazo OTC en tramos es el CMBX. Este derivado se mueve con la propagación de CMBS tramos de Libor.

Un ejemplo de derivados de crédito sobre los tramos es AIG recibiendo una prima para asegurar (vender protección) los tramos superiores de hipotecas de alto riesgo. Ese fue uno de los factores que contribuyó al pánico del 2008. Debe tenerse en cuenta que uno de los problemas principales de AIG era la actualización del precio al mercado en el derivado. Se les pagaba poco en el crédito derivado de la prima y la marca se movió de manera dramática en contra de ellos y cualquier reserva que hicieron fue insuficiente. Fue fundamentalmente un problema de liquidez.

8B3. Derivados de acciones

El derivado de la equidad estructurada más común es el del S&P 500 futuro y opciones S&P. Las opciones OTC en el S&P pueden terminar en 10 años. Futuros sobre índices de valores y opciones sobre el índice terminan actualmente de 3-6 meses.

Capítulo 9. Antecedentes matemático necesario profundizar en derivados.

9A. Conceptos Básicos de Bonos.

9A1. Valor Futuro

Suponiendo tasas positivas, \$1 invertido hoy vale más que \$1 en el futuro ya que el dólar puede ganar intereses con el tiempo.

Durante 1 periodo, el \$ futuro sería \$1 + \$1 * Tasa de interés = \$ 1 * (1 + R). Nuestro segundo período sería de \$ 1 * (1 + R) * (1 + R) = \$ 1 * (1 + R) $\wedge$ 2. En general,

Ecuación 1: FV (T) = PV (0) * (1 + R) $\wedge$ T donde:

PV (0) = Valor Presente hoy (por ejemplo \$ 1)

R = Tasa de interés por período (por ejemplo, 1% por año - una curva plana de rendimiento)

$\wedge$ = Elevado a la potencia de (Por ejemplo, 2 $\wedge$ 3 = 8)

T = Tiempo de inversión en períodos (por ejemplo, 2 años si r es una tasa anual)

FV (T) = Valor Futuro en el tiempo T = \$ 1.0201 = \$ 1 * ((1 + 0,01) $\wedge$ 2).

9A2. Valor presente

Ecuación 2: PV (0) = FV (T) / ((1 + R) $\wedge$ T) (Esto se deduce de la ecuación 1).

9A3. Los factores de descuento

Ecuación 3: DF (0, T) = 1 / ((1 + R) $\wedge$ T)

DF (0, T) = El factor de descuento que se lleva a los flujos (fluidos) de efectivo futuros de un tiempo T para hoy (o el tiempo 0)

Cuando los factores de descuento son multiplicados por el flujo (fluido) de efectivo futuro en tiempo T (como se define anteriormente FV (T)), el valor actual de ese flujo (fluido) de efectivo se obtiene. Por lo general, los factores de descuento se construyen de "bono a la par" a partir de los tipos de contado "par" de bonos por el método de "bootstrap". El apéndice asociado con esta sección demuestra estos cálculos en detalle.

9A4. Estructura de términos

Dado que los factores de descuento son exclusivos al tiempo y tasa de rendimiento, una serie de factores de descuento define la manera de descontar todos los futuros flujos (fluidos) de efectivo de hoy. Esta serie de factores de descuento se llama estructura temporal.

Por lo tanto, conociendo la estructura de los plazos, se multiplica cada futuro flujo de efectivo por el factor de descuento apropiado y las sumas en todos los flujos (fluidos) de efectivo en esa inversión. La comparación de las dos sumas a través de las inversiones le permite a uno escoger el valor más alto de las inversiones presente.

Estructura temporal es único en el sector de los bonos. Por lo tanto, la estructura temporal de los bonos del tesoro es diferente a los bonos corporativos, etc.

Estructura temporal se puede calcular con varias técnicas - bootstrap, regresión múltiple, etc. Vea el Apéndice asociado para más detalles.

9A5. Cotizaciones contrato a plazo

Supongamos que queremos saber si es mejor comprar una inversión de cinco años o una inversión de dos años, y tomar el dinero e invertirlo en el futuro dos años durante tres años?

Definir la tasa de interés razonable de dos años durante tres años como 2F3. Suponga que conocemos la estructura temporal (factores de descuento y por lo tanto los factores del valor futuro).

Si partimos de \$1, \$1 * FV (5) = \$1 * FV (2) * (1 + 2F3) ^ 3. Es decir, nuestro \$1 debe crecer en cinco años como se define por \$1 * FV (5). Se debe crecer a \$1 * FV (2) en dos años. Esa cantidad crecido durante los próximos tres años es (1 + 2F3) ^ 3. Conociendo FV (5) y FV (2), podemos resolver la tasa de 2F3 hacia adelante justo. Vea el Apéndice relacionado para más detalles.

9A6. Factores de descuento vs rendimiento al vencimiento (YTM).

Si se utiliza el concepto de estructura de plazos, los factores de descuento serían diferentes para cada período y se calcula con el método de la "bota elástica" que se mencionó anteriormente.

Alternativamente, se podría usar el concepto de rendimiento al vencimiento para descontar el flujo (fluido) de efectivo. Este sistema utiliza un rendimiento y es realmente un promedio de los factores de descuento que se obtendría por bootstrapping. El primer factor de descuento sería de 1 / (1 + YTM / 2) donde YTM es el rendimiento anual a la madurez y descontaría el primer cupón semianual. El cupón siguiente sería descontado por 1 / ((1 + YTM / 2) ^ 2). Es decir, el primer factor de descuento al cuadrado (haciendo el numerador 1 * 1). A pesar de que sólo se utiliza una YTM, la totalidad del factor de descuento cambia (utilizando el método YTM) en diferentes momentos debido a la elevación (1 + YTM / 2) a potencias superiores.

Desde la perspectiva futura de valor, usted está creciendo el valor actual por (1 + YTM / 2). Eso se cultiva de nuevo por (1 + TIR / 2) y eso es lo que crea la elevación al cuadrado.

Este concepto YTM no obtendrá los mismos valores actuales de cada término creado por los flujos (fluidos) de efectivo, pero obtendrá la misma suma de los términos (mismo precio). ¿Cómo lo sabemos? El precio es fijado por los operadores del mercado y YTM y los factores de descuento se resuelven. En resumen, ambos enfoques son realmente una ecuación con dos incógnitas - precio y rendimiento.

9A7. Duración Bond

Una vez que tenga el precio y el rendimiento relacionado, ¿cómo va a cambiar con el tiempo? ¿Cuál es el riesgo debido al cambio en el rendimiento/ tasas de interés (y/o de crédito)?

El riesgo de tasas de interés se mide por la duración de los bonos de cupón fijo. Al igual que el elefante proverbial, la duración se puede pensar en varias maneras.

9A7a. Duración como una medida del riesgo de interés.

En primer lugar, puede medir el cambio porcentual en el precio de un cambio porcentual en YTM. La prueba se muestra en el Apéndice relacionado. Eso demuestra:

Ecuación 4: Macaulay Duración = (dP / (P + A)) / (dI / (I + 1))

Donde dP = cambio en el precio

P + A = precio más el acumulado

Di = cambio en la tasa de interés

I = la tasa de interés se ha de emplear a YTM

Por ejemplo, suponga que un bono YTM de 5% (I) cambia un punto base en rendimiento (DI) produce un cambio de $ 0.10 (DP) en el precio de un bono por valor de $100 en precio y $ 0.03 acumulados. Tenemos:

($0.10 / ($100 + $.03)) / (0001 / (1 + .05 / 2)) = 10.25 = Duración Macaulay.

Si el bono se mueve $ 0.20, el riesgo es 20.5 - doble el riesgo.

9A7b. La duración mide el tiempo que lleva a cabo con el mínimo riesgo

La duración Macaulay también es una medida del tiempo para mantener un bono y, bajo ciertos supuestos, los cambios en las tasas de interés producen un rendimiento total constante del bono durante un periodo de mantenimiento definido.

Si comprara el bono en el ejemplo hoy y lo vendió en 10.25 años, los dos factores que determinan mi valor están en equilibrio relativo. El primer factor es reinvertio mi flujos de efectivo desde ahora hasta 10.25 años. A medida que suben las tasas, esa cantidad aumenta. El segundo factor es mi precio en la venta. Si las tasas subieron, ese valor se reduce ya que toca descontar mis flujos (fluidos) de efectivo después de 10.25 años a una tasa más alta. Las tasas bajan y mi dinero en efectivo reinvertido puede ser inferior al de los 10.25 años, pero mi precio es mayor. Tenemos un equilibrio con las tasas hacia arriba o abajo!

Tenga en cuenta que esto es cierto para un movimiento de tasa instantánea que se mantiene durante todo el período. Si hubiera varios, el balance no es tan preciso ya que la tasa reinvertida no estaría vinculada a la tasa del valor presente de los flujos (fluidos) futuros de efectivo utilizados para la fijación de precios. Pero hay que tener en cuenta que las dos cantidades están compensando y pueden ayudar a mitigar los riesgos.

En resumen, tendría un rendimiento mínimo bajo la suposición mencionada si he comprado el bono "hoy" y vendido el bono a la duración de Macaulay. Los resultados son menos precisos con múltiples movimientos de las tasas durante el período. El apéndice asociado muestra la prueba.

9A7c. Un segundo tipo de Duración - Sensibilidad

En práctica, se utiliza por lo general la duración modificada. Se deja caer el I + 1 plazo y por lo tanto es el porcentaje de variación del precio de un movimiento punto básico en YTM. Por lo tanto, la duración modificada =

duración Macaulay / (1 + (YTM / número de períodos de capitalización anuales)). El uso de los números en el ejemplo anterior,

Duración modificada * (1 + .05 / 2) = Duración Macaulay o

Duración modificada = 10 desde el 10 * 1.025 = 10.25.

9A7d. Duración vs. Madurez

Se podría pensar que los bonos de vencimiento más largos son más riesgosos que los bonos de vencimiento a corto plazo por lo que ¿por qué molestarse con la duración? ¿Qué añade la duración que no hace la madurez?

El problema con la creencia de que la madurez le dice todo es que los bonos de altos cupones tienen menos riesgo que los bonos de cupón bajos de la misma madurez. Esto es debido a que el dinero que gasta en bonos de alto cupón se vuelve más rápido (en el camino de las altas cupones). Por lo tanto, es más "características de efectivo".

La duración será menor para los bonos de descuento altas en comparación con baja cuando ambos enlaces tienen el mismo vencimiento. Por lo tanto, los bonos de alto cupones tienen menos riesgo de precio si las tasas se mueven.

9A7e. Convexidad

En el ejemplo anterior, supongamos que la TIR fue del 6%. La nueva duración Macaulay está relacionada con la edad, la duración de la convexidad. Es decir

Nueva Duración = Duración Viejo + (convexidad * Cambio en las tasas de interés de seguridad)

Por ejemplo, supongamos que en el 6% YTM la duración fue 10.5. Tenemos convexidad = 0.25 o,

$$10.5 = 10.25 + 0.25 * 1$$

En la práctica, por lo general la duración se mide a través de diferentes tipos de interés para ver la duración de la "deriva". La "deriva" es debido a la convexidad y debido al hecho de que el precio y el rendimiento no están relacionadas linealmente. Cuanto menor es la deriva, más estable será el valor de duración con diferentes niveles de tasas de interés y menor la convexidad.

9B. Conceptos básicos de renta variable.

La duración mide riesgos que no son relativos a otro valor pero a los tipos de interés. La desviación estándar mide el riesgo en el mundo de la capital .en relación a otro de seguridad. Ambos pueden decirse que son medidas de "riesgo absoluto".

9B1. Las medidas de riesgo.

9B1a. La desviación estándar de una distribución de números.

La desviación estándar mide la dispersión de los números. Calcula la media del conjunto de los números. A continuación, toma cada puntaje menos la media, toma el cuadrado el resultado, suma al cuadrado cada diferencia, divide por n, y tomar la raíz cuadrada.

Elevando al cuadrado cada diferencia con respecto a la media, se está adquiriendo la propagación independientemente de si es mayor o menor que la media.

9B1b. Lo malo de captura / al revés.

El riesgo relativo (RR a un punto de referencia) se mide generalmente por "riesgo al alza/riesgo a la baja" captura o beta. Si una acción sube ½% en un período en el que el punto de referencia sube un 1%, las de captura y media al alza del índice de referencia. Si la acción sólo captura una ¼ parte de la baja, tiene favorables el riesgo al alza/riesgo a la baja.

9B1c. Beta

En el Capital Asset Pricing Model (CAPM), el retorno de un valor particular es una función de la tasa libre de riesgo y el riesgo de que la seguridad tiene en relación con el mercado.

Imagine obtener pares de rendimientos mensuales del valor y el mercado durante un período de tiempo. También obteniendo la tasa libre de riesgo durante el mismo período. Trazar el regreso de seguridad en el eje Y y la diferencia entre la rentabilidad del mercado y la tasa libre de riesgo en el eje X.

La pendiente de la recta que mejor se ajusta a la trama es Beta. Por lo tanto, Beta le indica la cantidad que aumenta su seguridad a cambio de que el mercado se incrementa por encima de la tasa libre de riesgo. Si la asunción de riesgos en sus acciones no tiene ganancia más que tomando el riesgo de mercado, no comprar las acciones.

Consideremos ahora el valor de Y cuando el valor de X es 0 (cuando la rentabilidad del mercado es igual a la tasa libre de riesgo). Si el valor de Y está por encima de la tasa libre de riesgo, la seguridad tiene más valor que el mercado. Asi que,

Retorno de Seguridad (i) = tasa libre de riesgo + beta * (rentabilidad del mercado (i) - tasa libre de riesgo)

Donde los diferentes "yoes" son los diferentes meses.

En la práctica, la mayoría de las medidas de Beta son solamente del rendimiento de mercado, no del exceso de rendimiento como anteriormente. En parte, esto se debe a que no hay desacuerdo en cuanto a lo que compone la tasa libre de riesgo. Además, el uso de Beta usando rendimientos sin procesar es más útil en el cálculo de un índice de cobertura. Uno tiene una ratio de cobertura diferente usando exceso de rentabilidad que cuando se utilicen sólo los rendimientos del mercado. Este último hace cambios de ajuste de precios.

9B2. Medidas de rendimiento.

En bonos, el rendimiento al vencimiento es la medida de retorno que se utiliza con mayor frecuencia. En renta variable, la medida de retorno más utilizado es la rentabilidad total antes de impuestos mensuales. Debido a que el intervalo de tiempo es de un mes, por lo general se mide desde el final del mes hasta el final del mes. Cualquier flujo (fluido) de efectivo intermedios se reinvierten en el mes y contribuyen al rendimiento final del mes. Así, el numerador es el dinero final menos el dinero inicial. El denominador es el dinero con el que se comienza.

Por ejemplo, un fondo de inversión tiene un valor activo neto (NAV) que se mide de esta manera. Es después de comisiones, pero antes de impuestos.

Una segunda medida de retorno se utiliza en el patrimonio neto distintos a rendimientos mensuales. Esa es la medida de retorno continuo o "r".

Supongamos que se agrava cada día en lugar de dos veces al año. Obtenemos $FV = PV(0) * (1 + (TIR / 365))^{365}$, donde YTM es un retorno anual. En general, esto se puede escribir como $(1 + YTM / n)^{(n * t)}$. El número de períodos por año es n y t es el tiempo en años para el periodo de retorno.

Considere la posibilidad de componer 1 millón de veces al año al 100% TIR. ¿Cuál es el valor futuro a un año según las PV (0) \$1? Tenemos \$ 1 * $(1 + (100\% / 1.000.000))^{1.000.000} = 2.71828 = e^1$, donde e es la base de los logaritmos naturales. Desde el 100% = 1, tenemos e^r donde r es la tasa de "cerca" de forma continua agravado (1.000.000 de veces al año). Desde hace dos años, elevamos al cuadrado de ese número. Tenemos $(e^r) * (e^r) = e^{2r}$ o $e^{(r * t)}$. En resumen, $\$1 * e^{(r * t)} = \$ 1 * (1 + (TIR / n))^{(n * t)}$ cuando n tiende a infinito.

9C. Atribución de los resultados.

La mayoría de los fondos de rentabilidad total tienen más de una clase de activos (por ejemplo, acciones y bonos) y múltiples valores dentro de una clase de activos. Son los rendimientos que proceden de la selección de las clases de activos adecuados ("top down") o los valores correctos dentro de una clase de activos ("abajo hacia arriba")?

Teniendo en cuenta un fondo y un índice y sus rendimientos del sector sub, uno puede decidir. Deje FW (i) ser los pesos de fondos en las clases de activos y FR (i) sean los fondos de retorno en esas clases. Del mismo modo, el índice es IW (i) e IR (i). Puesto que el rendimiento total del fondo es la suma de FW (i) * FR (i), restando la suma de FW (i) * IR (i) da abajo hacia arriba exceso de rentabilidad. Es decir, manteniendo constantes los pesos de clases de activos, que hace que los fondos vuelvan a abatir el índice? Si es así, el exceso proviene de la selección de valores. Esta es la contribución de abajo hacia arriba del gerente.

A continuación, toma la suma de FW (i) * IR (i) menos IW (i) * IR (i). Mantener los rendimientos de las clases de activos fijos mediante el uso de los índices de rendimientos, están los retornos mejor utilizando los pesos de fondos en comparación con el índice? Esta es la contribución de arriba hacia abajo de la gerente.

Tenga en cuenta que la suma de arriba hacia abajo y de abajo hacia arriba es igual a el fondo de retorno del índice de rendimiento menos o a financiar el exceso de retorno. Esto también se llama alfa.

Consulte el ejemplo de esta sección en el Apéndice.

9D. Valoración de opciones

Hay dos maneras de presentar valoración de opciones - forma abierta y cerrada.

9D1. Precios de forma abierta

9D1a. El argumento de arbitraje (William F. Sharpe, Inversiones, Prentice Hall, Inc., 1978, páginas 366-373).

Dado que la posesión de un activo te hace dinero cuando los precios suben, pero la venta de una opcion de compra cuesta dinero, las opciones puede cubrir los activos cuando se utiliza en proporción (ratio de cobertura). Es decir, que pueden hacer que usted tenga el mismo final, independientemente de lo que el mercado haga en el futuro.

Dos pasos resuelven este problema. En primer lugar, encontrar el ratio de cobertura que da los mismos dólares asumiendo que cualquiera de los dos escenarios se produjo. En segundo lugar, el valor actual que vale la pena única al día de hoy.

El apéndice asociado muestra un ejemplo.

Supongamos que usted compró una opcion de compra en lugar de venderla. El cambio sería los términos max y C0 sería positivo. Según las matemáticas del problema, el ratio de cobertura "h" sería negativo. Usted tendría que vender corto el activo si usted compró las opciones de compra.

También puede comprar una opción de venta. La ecuación del pago de la opción de venta sería

$$h * P1 + MAX (K - P1,0) = H * P2 + MAX (K - P2,0)$$

En lugar de la ecuación de la opcion de compra utilizando MAX (P-K, 0). Se deja al lector para comprobar que la compra de una opción de venta que cubre y la venta hace corto el activo (debido términos tanto MAX tendrían un signo negativo delante).

Hay seis valores fundamentales en la valoración de opciones. ¿Qué son?

1. La rentabilidad por dividendo se integra en el valor del activo. La expresión original asumió 0 dividendos, pero se puede incorporar en los términos precio P0, P1 o P2.

2. Precio al contado. Esto es realmente P0 y puede haber intereses acumulados (si los bonos) en P0 como puede en P1 y P2.

3. Strike. Este es el término K.

4. La volatilidad. Esto crea los 101 o 99 valores de P1 y P2.

5. Tasa al valor presente los dos valores finales idénticos. Esta es la r en el término r + 1.

6. Tiempo. Esto afecta a los precios P1 and P2 y la tasa apropiada a valor presente los valores finales.

Es importante tener en cuenta que las opciones, con los precios de esta manera no están sujetos al crecimiento medio esperado del activo en el futuro. Supongamos que pensamos que el activo podría aumentar a 0.8% en el futuro un período. Ya que tenemos el activo, ya sea en 101 o 99, se tienen diferentes probabilidades de estos dos estados. En general:

P * 101 + (1-P) * 99 = 100.8, P = 0.9.

La expectativa de un retorno de 0.8% (precio de salida 100) nos lleva a ponderar los escenarios de esta manera.

La razón de estas probabilidades cambian las expectativas, pero no el precio de la opcion de compra es que los valores finales de las carteras cubiertas son idénticos. Dicho de otra manera, si dos resultados son el mismo número, ponderarlos por varios pesos que todos den la suma de 1 todavía le dan ese número!

En el ejemplo en el Apéndice, que tenemos en el paso 1; 49.5 = 49.5.

Por lo tanto, el paso 2 está siempre la presente valoración hacia atrás de 49.5 independientemente de los pesos de la probabilidad de los dos escenarios. Por lo tanto, el precio de la opcion de compra será el mismo, independientemente de las diferentes expectativas del rendimiento del activo.

9D1b. Plazo único pero más de dos resultados

El enfoque anterior supone sólo dos resultados y que el período que termina fue al vencimiento de la opción. ¿Y si queremos muchos valores finales (pero los valores finales son todavía sólo en el vencimiento de la opción)?

Dar precio a una opción que expira en algún momento en el futuro usando muchos valores finales implica los siguientes pasos:

En primer lugar, calcular el precio a plazo. Esa es la media de una distribución de los precios que podrían ocurrir en el futuro. La fecha en adelante para el precio a plazo es la caducidad del plazo / opción.

En segundo lugar, asumir una forma de la distribución de respecto a la media (simétrica y normal - en forma de campana?).

En tercer lugar, establecer la propagación de dicha distribución (volatilidad implícita) que define el ancho de la gama de posibles futuros precios a plazo.

En cuarto lugar, define lo que la opción pagaría a cada precio en el futuro. Desde que asumió una distribución en el paso 2, estos pagos tienen una probabilidad asociada.

En quinto lugar, el valor actual de los pagos al día de hoy (ver antecedentes en esta sección sobre el valor actual) y se multiplica por la probabilidad asociada.

Por último, suma los resultados de todos los precios posibles hacia adelante. Ese es el valor de la opción.

Véase el Apéndice para esta sección.

9D1c. El enfoque binomial (John C. Cox y Mark Rubinstein, los mercados de opciones, Prentice-Hall, Inc., 1985, 168-179)

La ventaja de estos enfoques (hay más de un enfoque iterativo) es que tenemos varios períodos y podemos valorar antes del vencimiento. De hecho, si hacemos los pasos suficientemente pequeños, nos acercamos al cálculo involucrado en Black-Scholes.

Aunque existen varios enfoques, nos centraremos en uno para ver esta convergencia.

En primer lugar, damos cuenta de que podemos replicar una opcion de compra en una acción mediante la mezcla de diferentes proporciones de una acción y bonos sin riesgo a largo en una cartera. Si el precio de la acción está muy por encima del precio de ejercicio de la opcion de compra, nuestra posición es todo en acciones. Nuestro ratio de cobertura es 1. Tanto la opcion de compra y nuestro "cartera de replicación" se mueven con el mercado de valores. Si el precio de las acciones está muy por debajo de la precio de ejercicio, todos estamos en efectivo. No llevamos a cabo ninguna acción. Nuestra cartera es replicada esta toda el efectivo y no se mueve con el mercado lo que coincide con nuestra salida de la opcion de compra dinero.

Nuestra cartera réplica de acciones y bonos debe coincidir con la opcion de compra, tanto tanto en los altos y bajos de los mercados. Por tanto, es diferente que el enfoque de arbitraje. En el enfoque de replicación, los valores en los dos estados son los valores de la opcion de compra y por tanto son diferentes unos de otros. En el enfoque de arbitraje, los valores de los dos estados son los mismos, la "cobertura" ha creado dos estados que terminan indiferentes al mercado.

Cox y Rubinstein (1985) presentaron el análisis que se muestra en el Apéndice. El resultado de este enfoque denominado "cartera de replicación" es que se puede crear un árbol binomial de los resultados y en función de tan pequeños sean los pasos en el tiempo, se puede replicar la solución continua Black-Scholes.

El Apéndice primero comienza con una opción de tres periodos. El precio de opcion de compras suministrada es de $ 075. Parte 3 del Apéndice afirma que el método binomial estima que sea $1.89. ¿Por qué la discrepancia?

La respuesta es muy pocos pasos.

Considere el ejemplo de la opción de treinta días en el Apéndice. El precio de la opción es $2.217 por $100 del valor de las acciones. Esta se calcula utilizando el método binomial para calcular la probabilidad de una cabeza arriba, dos cabezas arriba, etc. Cada probabilidad se multiplica por el valor final de la opcion de compra ya que el precio de las acciones de terminal es conocida por el número de nuevas empresas y la probabilidad de un up "P".

Sumando estos productos y valorarlos presente da el precio de la opción de $ 2.217.

9D2. forma de precios cerrada

Simplemente queremos expresar la ecuación y rellenar los números necesarios para obtener un valor. Esto le mostrará que el binomio y Black-Scholes darán la misma respuesta cuando se utilizan los mismos supuestos.

La ecuación "clásica" Black-Scholes no tiene ningún dividendo y tiene cinco variables.

1.   Datos de la bolsa Hoy = 100
2.   Tiempo de "hoy" a la opción de caducidad expresada en años = 30/365
3.   El tipo de interés "sin riesgo" durante el período expresado por año = 001 o 1%
4.   El precio de ejercicio de la opcion de compra = 100 (una opcion de compra en el dinero)
5.   La volatilidad implícita = 0.19 o 19%

El Apéndice muestra que "enchufar" en estos valores resulta en $2.21 por la prima de la opcion de compra o precio.
Excepto por la volatilidad implícita, debe quedar claro que todos los valores son los mismos.

Entonces, ¿cómo se relaciona uno con la volatilidad implícita al binomio?

En primer lugar, tenemos que entender cómo la volatilidad crece con el tiempo en el mundo de Black-Scholes.

La varianza de la suma de un conjunto de variables aleatorias es la suma de la covarianza. Asumiendo un conjunto de declaraciones mensuales. Si las ganancias de un mes no le dicen nada acerca de cualquier otro mes, los resultados mensuales son independientes. Toda la covarianza "términos cruzados" se desvanecen y ya que la covarianza de algo con ella misma es la varianza, uno se queda con una serie de variaciones.

Por ejemplo, suponga que desea una estimación anual de la volatilidad, pero sólo tiene la mensual. Tendría que multiplicar la variación mensual por 12. Puesto que la desviación estándar es la raíz cuadrada de la varianza, la estimación anual de la desviación estándar es la estimación mensual de la desviación estándar multiplicado por la raíz cuadrada de 12.

En segundo lugar, ¿cómo es que el enfoque binomial discreto refleja la volatilidad en el mundo continua Black-Scholes?

Claramente, el tamaño de "1 + u" y "1 + d" es la respuesta, ya que impulsan el valor de los activos. Como se muestra por Cox y Rubinstein (1985, página 199 a 200), la relación apropiada es $1 + u = e$ ^ (vol * sqrt (Tiempo)) .En nuestro ejemplo, u era más de un día, por lo tanto $1.01 = 2.71828183$ ^ (vol * sqrt (1/365)) .Tomando el logaritmo natural de ambos lados, tendremos ln (1.01) = 0.05234239 * vol. Por lo tanto, vol = 0.1901 o 19% tal como se utiliza en el Black-Scholes.

Capítulo 10. Casos de estudio usando Alternativos

10 A. Tasas de Renta Fija

10A1. Cobertura de una emisión de deuda futura

Un tesorero de la empresa cree que las tasas están bajas hoy y que van a subir en el futuro. Ya que toman prestado, esto va costar más dinero en el futuro. ¿Cómo pueden protegerse a sí mismos?

Podrían emitir hoy y asegurar la tasa de los préstamos. Pero, supongamos que no necesitan el dinero? Ellos estarían pagando intereses sobre dinero que no necesitan.

Mejor, ellos pudieron vender en corto un contrato a plazo. Esto podría ser en una bolsa (como el CBOT) o extrabursátil. Si está en la bolsa, el contrato a plazo se llama un futuro.

Suponga que la emisión es de 50 millones de una nota con tasa fija y 10 años hasta el vencimiento. Los candidatos más probables de cobertura son:

1. Vender en corto un futuro sobre una nota de 10 años.

Si se elige el enfoque de futuro, hay que determinar la nota de entrega más barata (llame a un profesional de finanzas o use el software). Cambia el rendimiento de la nota un punto básico, y divide la diferencia de precio por el factor de futuros de esa nota y el mes del contrato. El resultado es el cambio de precio que el futuro debe hacer para un cambio de punto básico en el rendimiento. Dado que el cambio es por $100 el par y el contrato es de $100,.000 el par, se multiplica por 1,000. Divida ese cambio con el precio de emisión para un cambio de punto básico en el rendimiento y el resultado le dará el número de contratos.

2. Inverso en un valor

En un inverso, uno fija el precio hoy al que va a vender un valor que posee en el futuro. Si el precio del mercado baja en el futuro, usted gana dinero (vendió alto y compro bajo).

La tasa de cobertura es el cambio de precios en la seguridad inverso vs el cambio de precio de emisión (o, lo que está de cobertura).

Cabe señalar que los mercados de repositorio (repo) y revertir (inverso) actualmente se están reduciendo debido a que los bancos desean conservar el capital. Es decir, la operación requiere capital ya que extiende el crédito a la institución.

3. Page fijo durante diez años y recibe tasa variable sobre un swap iniciado por contrato a plazo.

Si se toma el enfoque de swap, inicie en el futuro cuando se espera la emisión. Por lo tanto, la pierna variable es irrelevante - las tasas variables están a tasa mercado durante la cobertura ya que nunca son fijos.

Para calcular una ratio de cobertura, toma el ratio de cambio en precio de la emisión a la del swap. El cambio en el precio del swap es una función de la tasa fija - hay que tratarla como si fuera una nota.

El costo de la cobertura de swap es el hecho de que el contrato a plazo se convertirá en "spot" a través del tiempo. Por lo tanto, la diferencia de tasa fija entre el spot y la tasa del contrato a plazo de swap está en el costo de rendimiento.

El swap es probablemente la mejor herramienta de cobertura, ya que tiene una diferencial de tesoros como una emisión corporativa. Los futuros son a base de tesorería y el inverso es un edición específico.

10A2. El valor de "asignación"

Durante la crisis S & L de la década de 1980, y más recientemente la crisis financiera de 2008, hubo un gran número de quiebras bancarias. La Federal Deposit Insurance Corporation (FDIC) fue responsable de hacerse cargo de los bancos en quiebra durante estas dos crisis y heredó una cartera de activos líquidos. Algunos de estos activos eran valores derivados i.e. swaps de tasa de interés, tasa de interés máxima y/o mínimo.

Estos derivados OTC no eran líquido (no podría ser desenrollada) si el banco fracasado no debe dinero a una contraparte que no ha fallado (más grande). Estas instituciones más grandes no fallaron en la crisis de 2008 (otra rama del gobierno se hizo cargo de ellos). Las transacciones de derivados deberían haber sido marginado, pero no fueron o la garantía utilizada para la constitución de márgenes en sí era mala. La contraparte más grande quería dinero para desenrollar la derivada y no podía conseguirlo del banco en quiebra.

Por ejemplo, en 2009 la FDIC se hizo cargo de un banco que había entrado en un swap de tasa de interés de 5 años con un valor nominal de $100 millones. El banco quería cubrir un conjunto de nuevas hipotecas de tasa fija originadas que mantenía en su balance.

El riesgo era que las tasas incrementaran y las hipotecas de tasa fija disminuirían en valor. Para cubrir ese riesgo, el banco entró en un swap para pagar una tasa fija a una contraparte y recibir tasa flotante.

Como las tasas de interés disminuyeron durante la crisis financiera, el derivado OTC disminuyó en valor. Pagar 4% fijado para recibir la tasa LIBOR flotante cuando el mercado es 3% fija significa una pérdida.

Por desgracia, la hipoteca no aumentó en el valor debido al crédito y otros factores. Esto señala el peligro de cubrir parcialmente los riesgos de un activo. El activo puede estar sujeto a riesgos A (de crédito) y B (tasas de interés). Usted cubre B (tasas de interés) con un swap. A lleva el activo hacia abajo y B lleva el derivado hacia abajo. Ambas partes pierden.

El gerente del derivado FDIC tuvo que disfrazar el derivado y no podía simplemente corregir la hipoteca y pagar la pérdida en el derivado.

La estrategia elegida fue una "asignación". La mayoría de los derivados pueden ser transferidos a otra contraparte con la aprobación de las otras contrapartes. El distribuidor prefiere enfrentarse a otro distribuidor líquido que a un pequeño banco en quiebra!

La tarea consistía en descubrir un distribuidor solvente que aceptar la asignación por el mínimo coste, ya que el nuevo distribuidor estaba asumiendo un intercambio que se encuentra actualmente en una pérdida. El costo sería pagado por el banco en quiebra (en última instancia, el contribuyente), pero el banco estaría fuera del swap al menor costo posible.

Cuando el gerente de la FDIC término el proceso de asignación, le pagaron dinero a un nuevo distribuidor para hacerse cargo de sus obligaciones con el distribuidor original.

La asignación permitió que el intercambio sea líquida de nuevo!

10A3. Cobertura de originación de hipoteca

El negocio de banco hipotecario, por supuesto, es prestarle dinero a la gente para que compren una casa. El prestamista cita una tasa para el prestatario y algún tiempo después (45 días?) la hipoteca se cierra y los pagos comienzan.

En lugar de mantener el préstamo y obtener los pagos a través del tiempo, típicamente el banco hipotecario le vende el préstamo al Government National Mortgage Association (GNMA), al Federal National Mortgage Association (FNMA), o The Federal Home Loan Mortgage Association (Freddie Mac).

Estas agencias compran préstamos al el precio del mercado. Dado que lleva 45+ días para crear la hipoteca y el prestamista ha cerrado una tasa durante ese período, el prestamista está en riesgo si las tasas suben. El (supongamos) 5% de la hipoteca no vale $100 por cada $100 par si las tasas suben a pesar de que era un valor de $100 en el comienzo del período cuando se citó la tasa. Si las tasas suben, el banquero hipotecario pierde.

Para contrarrestar este riesgo, el banco hipotecario podría vender en corto un TBA o comprar una opción en una hipoteca TBA.

Un TBA es un derivado de un conjunto de hipotecas con un cierto cupón, pero características exactas más allá de eso (por ejemplo, préstamo a valor, la puntuación de crédito del prestatario, etc.) son "Se anunciará" ("to be announced"). En su mayor parte, son derivados de conjuntos de hipotecas recién originadas que se arreglan (digamos) 1 mes a partir de ahora.

TBAs pueden ser vendidos corto. Por lo tanto, el derivado le puede pagar si los precios caen. Puede vender corto el mismo cupón que usted ha citado y que puede ser un TBA en la misma agencia donde va vender la (GNMA, FNMA, etc). Las opciones también existen en ellas.

Vendiendo corto cuando la cotización de la tarifa es creada sería la respuesta excepto que la hipoteca no puede cerrar en los 45 días. El prestatario puede tener un problema de crédito que no se reflejan en la pantalla de crédito, la agencia podría cambiar algún pequeño detalle de lo que aceptan, etc. Por lo tanto, el cierre es un riesgo - el otro lado de la cobertura podría desaparecer y quedan atrapados en sus ventas a corto!

La respuesta general es vender corto lo que está seguro que va a cerrar y comprar opciones de venta sobre el resto. El problema es el costo. Si sus competidores no se cubren y usted sí se cubre, va a obtener cualquier tipo de negocio?

Para reducir este coste, es tentador vender opciones de compra sobre la hipoteca. La prima que se obtiene es una cobertura parcial de las tasas subiendo pero sólo una cobertura parcial. Esta es una buena estrategia en el entorno actual (finales de 2013) desde que la Fed ha estado comprando valores y manteniendo las tasas bajas. Las opciones de compra expiran sin valor y usted se queda con la prima. Sin embargo, si las tasas aumentan de manera significativa, manteniendo la prima de la opción de compra no va a cubrir la pérdida de valor de la hipoteca.

10A4. Cubriendo Tasas de corto plazo

Los futuros de eurodólares son una excelente manera de cubrir las tasas de corto plazo "CD" que un banco utiliza para tener dinero para hacer préstamos a más largo plazo. Los bancos citan (supongamos) una tasa de tres meses y alguien le da dinero al banco y se gana esa tasa. El banco entonces por lo general presta ese dinero a más largo plazo. Si ellos no hicieron nada más y la tasas cortas subieron, podrían ganar una diferencia negativa durante la vida del préstamo debido a que varias tasas cortas subieron que se utilizan para financiar el préstamo por más tiempo.

Para cubrir este riesgo, el banco puede vender en corto un futuro eurodólares o una serie de futuros de eurodólares (una "tira" de los futuros de eurodólares ya que están sobrevendidos en los próximos meses de forma secuencial). Este es un ejemplo de cobertura de responsabilidad civil, ya que el Cd de corto plazo es un pasivo del banco.

Por ejemplo, el presidente de la Reserva Federal sugirió que las tasas cortas se mantendrían artificialmente bajas al comienzo de 2015. Nuestro tesorero de banco está preocupado por un aumento en las tasas de tres meses a principios de 2015. Supongamos que el banco necesita una financiación masiva de tres meses exactamente en ese momento. El Tesorero vendería en corto los contratos de futuros Eurodólar (ED) de marzo de 2015 para fijar el rendimiento deseado. Así que si el precio del contrato de futuros ED de marzo es decir 99.55 hoy, el contrato a plazo implicado de 90 días de futuros ED tienen rendimiento de .45 puntos básicos (100 - 99.55).

La tasa "segura" 45 puntos básicos (45bp) asume (a) el banco de hecho emite deuda en el futuro y (b) la diferencia de cero de esa deuda no cambia a 3 meses Libor en el futuro. En la tabla a continuación, los números negativos significan que el banco paga y números positivos significa que reciben. Por ejemplo, -1.00 significa que el banco paga 1% durante 3 meses. La diferencia de banco de 3 meses se supone que es 0BP a 3 meses Libor.

Tasa de Préstamo pagada	Futuro corregido	Precio total
(Spot 3M nivel Libor)	(Vendido a 0.45)	
(1.00)	0.55	(0.45)

(0.55)	0.10	(0.45)
(0.45)	0.00	(0.45)
(0.00)	(0.45)	(0.45)

Independientemente a lo que hagan las tasas de interés en el futuro, en los dos supuestos anteriores, la tasa de préstamo total (futuro y préstamo) es 45 puntos básicos. Esto se debe a que, en la primer fila en este ejemplo, Préstamo total = - Libor de Mercado + (Libor de Mercado – Tasa de futuros) = -1 + (1-.45) = -.45. Libor de mercado es lo que paga y define los futuros corregidos. Todo lo demás se anula.

¿Cómo se puede mirar el costo de la cobertura en esta situación o en cualquier otra cobertura? Eso depende de cómo se define el costo.

La mejor definición de costo es equiparar el riesgo de las inversiones y compara el rendimiento. Si se opta por una alternativa que tiene un rendimiento menor que la más alta (y tiene el mismo riesgo), el costo es la diferencia en rendimiento. Dicho de otro modo, todos los derivados transforman rentabilidad y riesgo. Por lo tanto, el costo debe medirse comparando el retorno junto las posiciones de riesgo equivalentes.

Eso contrasta con la definición típica de costo según la definición de "convergencia". Usted aseguró 45 puntos básicos y si el spot 3 meses Libor fuera 20 puntos básicos en ese tiempo, el costo sería definido como 25 pb (45-20). Sin embargo, la comparación de una posición con cobertura de 45 puntos básicos y una posición sin cobertura de 20 puntos básicos es como comparar manzanas y naranjas. Las dos posiciones no tienen el mismo riesgo. El enfoque correcto es "¿Prefiere asegurar 45 puntos básicos o estar sin cobertura y arriesgar hacer mejor o peor"? Eso depende claramente en la compensación de riesgo de uno y quizá se define en la "frontera eficiente" - los mejores rendimientos relativos a los diferentes riesgos.

10B. Los derivados de crédito de renta fija

De acuerdo con la ley de derivado de New York Insurance (que muchas compañías de seguros cumplen), las compañías de seguros se les permiten usar derivados para cubrir, "reproducir", y hacer la generación de ingresos.

La generación de ingresos significa vender opciones de compra cubiertas sobre valores de propiedad. Es la replicación que requiere alguna explicación.

El comercio de replicación es muy específico. Uno vende protección haciendo un comercio derivado de crédito (por ejemplo, vende 5 años de protección de IBM). Entonces uno encuentra un bono de su propiedad (por ejemplo, 5 años de Exxon) y los "empareja". Es decir, que se les permita el tratamiento de los dos como uno para la presentación de informes y la reserva de los propósitos mediante el envío de los dos a la Insurance Security Valuation Office (SVO) en Nueva York. Implícitamente, los reguladores están diciendo que hay poca diferencia entre ser propietario de los bonos corporativos de IBM y ser dueño de Exxon y la venta de un derivado de crédito en IBM.

La lógica es más fuerte si se cree que Exxon está "a prueba de balas" (no se pondrá por el incumplimiento de pago). En ese caso, si los valores de IBM incumplen, venda Exxon y presumiblemente se obtiene el dinero para cerrar el derivado de crédito. El dinero que se requiere es la cantidad par de derivados de crédito. Esto requiere que Exxon siempre este par o arriba del valor de mercado.

Si las condiciones anteriores llevan a cabo durante la vida de la operación, parecería que uno realmente replicaria un bono corporativo de IBM. Persona A compra IBM por (digamos) $100 par, incumplen y obtienen una recuperación. Persona B compra Exxon por (digamos) $100, vende la protección de IBM. IBM incumple, Persona B vende Exxon, entrega los $100 y lleva de nuevo la recuperación de IBM.

Ambas personas pagaron $100 en el comienzo y consiguieron la recuperación de IBM al final en el evento de incumplimiento.

10C. Los Otros Impulsores de Valor

10C1. La equidad pública - Valoración de opciones de acciones para empleados

Black-Scholes se utiliza comúnmente para valorar opciones de los empleados cuando sean concedidas. Sin embargo, hay muchas razones que esto exagera el valor. En primer lugar, el empleado normalmente pierde todo el valor de la opción si salen de la empresa antes de que se concedan. Por lo tanto, hay que medir la probabilidad entre quedarse desde la garantía a la fecha de concesión y multiplicarlo por el precio de la opción.

En segundo lugar, tenga en cuenta el tiempo entre la concesión y el vencimiento de la opción. Si uno se va durante este tiempo, sólo obtienen la diferencia entre el precio actual de las acciones y el ejercicio de la opción. Sólo se obtiene el valor "intrínseco" y no se obtiene valor de "tiempo". Dicho de otro modo, una opción en el dinero (precio actual de las acciones = precio de ejercicio) con un poco de tiempo de expiración vale algo con opciones regulares pero el empleado no recibe nada si ejerce sus opciones. El empleado debe ejercer sólo al vencimiento de la opción para realizar el valor de tiempo.

10C2. Capital Riesgo - Bill Ackman y CP

Bill Ackman es un gestor "activista" de fondos de cobertura de los Estados Unidos. Vio una oportunidad en CP (el Canadian Pacific Railway). El operó semejante a un inversor de capital privado en esta operación. Es decir, que tomó el control de la empresa. No tuvo que pedir prestado como es tradicional en una compra apalancada de posición mayoritaria o LBO (Leveraged Buy Out). Él utilizó los fondos en el fondo de cobertura.

Tenía una estrategia interesante. Hunter Harrison, el director ejecutivo (CEO) del exitoso ferrocarril Canadian National (CN), se había retirado recientemente de ese ferrocarril. Él estaba interesado en ser CEO de CP. La apuesta era que su capacidad de liderazgo sería transferida. El escenario estaba listo.

Lo que sigue es una supuesta cronología de los eventos publicados el 17 de mayo de 2012 en "The Star", el sitio web del periódico Toronto Star.

En esta discusión se habla de un voto por poder. Esto significa que los accionistas votan y deciden el resultado.

23 de septiembre de 2011 - Pershing Square Capital Management comienza a adquirir una participación en Canadian Pacific Railway, el gasto es de $1,4 millones de dólares, el compromiso inicial individual más grande de cualquier inversión para el fondo de cobertura estadounidense.

28 de octubre - Pershing Square da a conocer en una presentación ante la Comisión de Bolsa y Valores (Securities and Exchange Commission) que ha adquirido el 12.2 por ciento de las acciones en circulación, que luego creció hasta el 14.2 por ciento. Observó que esperaba participar en discusiones sobre los planes futuros de la compañía.

29 de octubre - El presidente de CP John Cleghorn tiene dos conversaciones telefónicas con Bill Ackman de Pershing Square, quien indicó que iba a solicitar un cambio significativo para el equipo de gestión.

2 de Noviembre - Ackman y otros dos funcionarios de Pershing Square se reúnen en Montreal con Cleghorn y Presidente y CEO Fred Green. Ackman dice que CP podría conseguir un coeficiente de explotación a 65 en cuatro años, si Hunter Harrison el ex ejecutivo de CN Rail toma el timón.

2 y 4 de Noviembre - La junta directiva de CP se reúne para discutir Pershing Square.

4 de Noviembre - Otras discusiones entre Cleghorn y Ackman, donde le pide un asiento en el directorio ejecutivo para él y Paul Hilal, un socio de Pershing Square.

10 de Noviembre. - Cleghorn le informa a Ackman que lo recomendará con el directorio para que se reúnan con él y consideren su candidatura para el puesto en el directorio.

21 de Noviembre. - El directorio se reúne con los asesores del CP. El directorio acepta entrevistar a Ackman para una posición en el directorio,

igual a otro candidato para impulsar la experiencia en la industria de ferrocarriles, pero dicen que no considerarán a Hilal, quien no tiene ninguna experiencia con ferrocarriles.

11 de diciembre - Ackman se reúne con el comité de gobierno en Calgary, y le pide al directorio que se reúna con Hilal.

12 y 13 de diciembre - El directorio tiene una reunión en la que se discuten la propuesta de Pershing Square.

13 de diciembre - El comité de gobierno recomienda que Ackman, Tony Ingram y Edmond Harris, ambos con antecedentes de ferrocarril, sean nombrados miembro del directorio. Pershing Square también da a conocer a través de clasificación que sus acciones ahora tienen un total de 14.2 por ciento.

14 de diciembre - Cleghorn ofrece un puesto en el directorio a Ackman, sujeta a la confidencialidad y los acuerdos sin progreso.

15 de diciembre - Ingram y Harris son nombrados miembros del directorio.

23 de diciembre - Abogado de Pershing Square dice que los fondos de cobertura no van a firmar acuerdos de confidencialidad y no hay progreso.

30 de diciembre - Noticias informan que Pershing Square quieren que Hunter Harrison, ejecutivo retirado de CN, que sea el próximo CEO de CP.

3 de Enero - En representación del directorio, Cleghorn envía una carta abierta a Ackman, sobre inexactitudes en los informes de los medios de comunicación, pero dice que el directorio está dispuesto a continuar el diálogo con Pershing Square

4 de Enero - Ackman envía correo electrónico a Cleghorn, con la línea de asunto Guerra y Paz, advirtiendo "una escaramuza fronteriza" se convertiría en "un invierno nuclear" si no se cumplen sus demandas de dos

asientos en el directorio y Harrison como director ejecutivo. Le advierte que Pershing Square iniciará un concurso de proxy.

9 de Enero - Después de la reunión del directorio el día anterior, CP emite una carta abierta a los accionistas, diciendo que el directorio está ejecutando un plan claro para aumentar la eficiencia.

13 de Enero - Canadian National Railway emite comunicado de prensa declarando que sí Hunter Harrison toma una posición con CP, se estaría violando un acuerdo incompleto.

23 de Enero - CN inicia acciones legales contra Harrison en el U.S. District Court en Illinois por el posible incumplimiento de sus acuerdos. Pershing Square, dijo que garantizará los pagos debidos a Harrison.

CP también anuncia que celebraría la reunión anual el 17 de mayo en Calgary. Ese mismo día, Pershing Square había enviado una solicitud de CP para una reunión especial, pero se retiró después del anuncio de la reunión anual.

24 de Enero - Pershing archiva documento identificando cinco candidatos para el directorio, así como el inicio de una lucha de poder. En los próximos meses, añade otros dos candidatos.

6 de febrero - Pershing tiene un ayuntamiento en el hotel Hilton en Toronto, donde Ackman, así como los otros candidatos para el directorio se presentan a los accionistas, analistas y medios de comunicación. Hunter Harrison también está presente, quien dice que está entusiasmado al salir de su retiro. También dice que ha comprado $5 millones en acciones para mostrar su interés en el trabajo.

10 de febrero - CN modifica su demanda en contra de Harrison, y cancela su pensión y otros pagos debidos a él, con valor de $40 millones. CN también aconseja que consideraría la presentación de una orden judicial para bloquear Harrison de ir a la CP.

27 de marzo - En un día del inversor en Toronto, altos funcionarios de CP se reúnen con analistas y medios de comunicación por la primera vez, advirtiendo que si los accionistas toman el lado de Pershing, sería riesgoso y llegaría a la incertidumbre y posiblemente la disfunción.

20 de abril - CP reporta fuertes ganancias del primer trimestre, alcanzando un récord en ganancias de $142 millones, lo que las autoridades dicen que muestra que la compañía está en el camino correcto. Pershing no se deja llevar, diciendo que buen clima ayudó impulsar los resultados. Ackman también dice que sus cinco nominados, no candidatos de Pershing, en total han comprado $2 millones en acciones CP.

23 de abril - CP anuncia que está aumentando su próximo dividendo trimestral, pagadero el 30 de julio, a 35 centavos por acción, arriba de los previos 30 centavos.

2 de mayo- A pesar de las sugerencias de los medios de comunicación que CP está dispuesto a llegar a un acuerdo con Pershing Square, mediante la concesión de cuatro asientos en el directorio siempre que Harrison no se convierta en presidente y director ejecutivo, ambas partes insisten en que no hay acuerdo, y no hay conversaciones en marcha.

3 de mayo - Firma de asesoría de proxy ISS recomienda la pizarra y retención de los votos de Ackman contra ciertos directores de CP incluyendo Cleghorn y Green.

7 de mayo - Ontario Teachers Pension Plans dice que apoyan la pizarra de Ackman.

8 de mayo - Ackman habla en la cumbre económica de Bloomberg en Toronto donde dice que no va llegar a un acuerdo porque los accionistas merecen un voto. Dice que del 36 por ciento de los valores de reemplazo emitidos, incluyen los que controla, la pizarra de Pershing ha ganado más del 95 por ciento.

9 de mayo - Firma de asesoría proxy Glass Lewis & Co también respalda la pizarra de Pershing.

17 de may - CP anuncia que Fred Green ha renunciado como director ejecutivo y Presidente de la empresa. La compañía también anunció que seis directores, incluyendo Green, no van a intentar una reelección.

Un año después - Hechos alegados son publicados en Business en Canadá (BIC), 4 de Junio de 2013

El viaje de Ackman con Canadian Pacific ha estado llena con tensión y drama. Cuando declaró su participación el 28 de octubre de 2011, la compañía ferroviaria estaba bajo un 4.5 por ciento del año hasta la fecha de hoy. Una batalla furiosa con la dirección de la firma rápido entró en erupción. Después de que una fuga reveló el desagrado de Ackman con el director ejecutivo (CEO) Fred Green y su selección para reemplazarlo - que fue rechazada por el directorio - el inversor activista contraatacó con una venganza. Amenazó (y prosiguió con su declaración) guerra en la forma de un concurso de mandato, como se muestra en esta supuesta extracto de correo electrónico al presidente de la compañía, John Cleghorn:

Basado en ayer y al no recibir una opcion de compra de usted a cambio, la probabilidad de que ocurra una guerra ha aumentado de manera significativa. La guerra no es mi preferencia y ha sido extremadamente raro para nosotros. Hemos tenido sólo dos concursos de mandato en aproximadamente 25 compromisos activos con empresas públicas en los últimos ocho años.

Ya que no es ajeno al espectáculo, Ackman presentó su caso a los accionistas en el Hilton de Toronto a principios de febrero de 2012, un evento en el que Hunter Harrison también se dirigió a la multitud.

El 17 de mayo de 2012, la gestión de Canadian Pacific optó por levantar la bandera blanca en lugar de esperar unas horas para una lucha de poder para sellar su destino. El director ejecutivo Fred Green renunció, mientras Cleghorn y otros directivos anunciaron que dejarían el directorio. Hunter Harrison, el candidato elegido por Ackman, a continuación se instaló como director ejecutivo.

Los números no mienten: esto ha sido una inversión espectacular. A partir del cierre del lunes, las acciones de Canadian Pacific aumentaron un 112.38 por ciento (TSX) y 104.23 por ciento (NYSE) a partir de la fecha cuando Pershing Square declaró su participación. Aquí hay una tabla que muestra el rendimiento de las acciones y algunos hitos en la saga de Ackman:

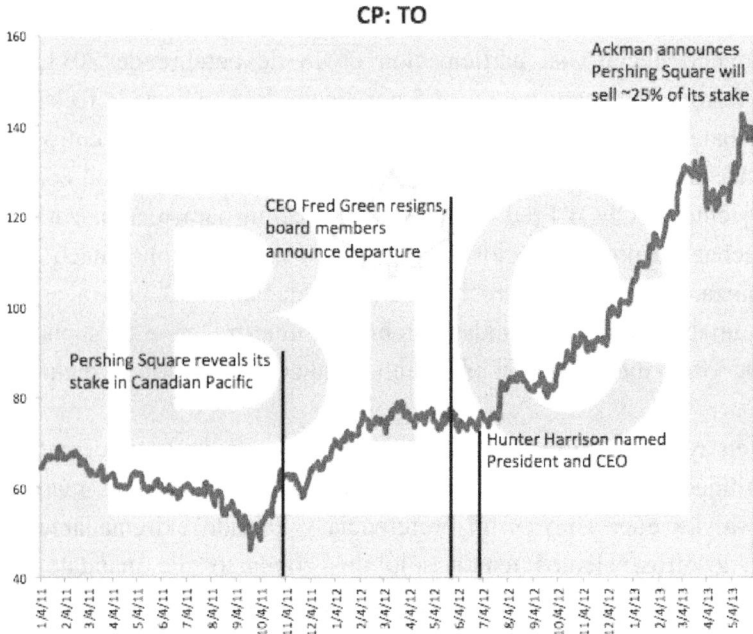

10C3. Materias primas (Commodity) - Plata - eventos supuesta publicados en http://www.traderslog.com/hunt-brothers-silver/

En los primeros años setenta, en medio de la convulsión política, las presiones inflacionarias y el estancamiento del crecimiento económico, la familia más rica en América (en ese momento), la familia Hunt de Texas, trató de acaparar el mercado de metales preciosos. Como una manera de protegerse a sí mismos de la muralla de impresión de dólares que el gobierno de Estados Unidos estaba haciendo, los Hunt decidieron acumular grandes cantidades de inversiones en activos duros. Puesto que el oro no podía ser retenido por ciudadanos privados en ese entonces, los hermanos Hunt se concentraron en la plata.

En 1979, los hermanos Hunt, junto con un grupo de árabes ricos, formaron un conjunto comprando plata y futuros de plata. Los hermanos Hunt utilizaron sus posiciones en futuros de plata para adquirir más del metal físico. Como dinero en efectivo estaba continuamente perdiendo valor debido a la inflación, los Hunt decidió liquidar sus contratos a largo de futuros sobre plata con la entrega de plata, en vez de liquidación en efectivo. En poco tiempo, se habían acumulado más de 200 millones de onzas de plata, que era aproximadamente la mitad de la oferta mundial.

Los precios pronto comenzaron a apreciar. Cuando empezaron, el precio de plata estaba por debajo de $5 onza. A finales de 1979 / principios de 1980 los precios habían multiplicado por diez y se estaban intercambiando por cerca de $55/onza. Durante este aumento en precios, el COMEX y el Chicago Board of Trade (CBOT) sólo tenían alrededor de 120 millones de onzas de plata entre ellos. A medida que los precios fueron subiendo y nuevos compradores se metieron en el mercado, los intercambios se hicieron cada vez más temeroso de fracasar. A medida que los Hunt poseían el 77% de plata en el mundo, ya sea en forma física o en contratos de futuros, el mercado había sido arrinconado.

Las cosas comenzaron a cambiar una vez que Paul Volcker fue nombrado Chairman de la Reserva Federal. Volker estaba decidido a controlar la inflación con elevando las tasas de interés. Combinado con los cambios en las normas comerciales en el CBOT y COMEX, los precios pronto cayeron. Las cosas se habían puesto tan fuera de control que COMEX sólo aceptaba órdenes de liquidación, deteniendo eficazmente que la plata siga subiendo. El CBOT estableció límites sobre la cantidad de plata que una entidad podría sostener y subieron los márgenes. No es sorprendente que los precios bajaron significativamente de forma rápida y se cotizaban cerca de $10 mediante finales de marzo de 1980.

La caída precipitada de los precios significó enormes pérdidas para muchos especuladores y finalmente obligó a los hermanos Hunt a la quiebra. A mediados de los años 80, los hermanos Hunt tenían más de mil millones de dólares en pasivos que no podían cumplir. En su apogeo, los hermanos Hunt habían celebrado más de $4,5 mil millones en plata con su inversión de $1 mil millones. El 25 de marzo de 1980, los hermanos Hunt no podrían cumplir con su demanda de $135 millones por opcion de compra de margen, obligando a los hermanos Hunt que 'cierran' En agosto de 1988, los Hunts fueron condenados de conspirar para manipular el mercado.

Fue a finales del Marzo de 1980 que tuvimos el "jueves de plata", un día en el que el precio de la plata fue de aproximadamente $20 / oz a $10 /oz, una pérdida de más del 50%. Al final, los Hunt tenían que ser rescatados por los bancos de Nueva York para que pudieran cumplir sus obligaciones. Sus obligaciones habían crecido tanto que el gobierno obligó a los bancos a emitir crédito para que los fracasos de amplia difusión podrían prevenirse.

Los Hunt se habían expuesto a enormes cantidades de apalancamiento, que funcionaban muy bien en el principio. Fue este apalancamiento de los mercados de futuros que al final los hicieron perder. Los Hunt terminaron perdiendo porque no podían luchar contra la Fed y el sistema juntos. Las bolsas cambiaron las reglas cuando se dieron cuenta que estaban siendo manipulados y no podían ponerse en mora, lo cual habría generado fracasos extendidos. No sólo eso, sino que muchos de los reguladores que ayudaron a cambiar las reglas también estaban cortos de plata.

Al final, cortar el mercado no sólo es ilegal, sino que también es inmoral. En un mercado verdaderamente libre, cortar el mercado no funcionaría ya que las inversiones alternativas ganarían favor. También, mientras la oferta se retira del mercado, comprar la última parte de cualquier producto se convertiría en un costo excesivo. Si los Hunt sólo hubieran comprado plata física, no hubiera existido nada que la industria financiera o el Gobierno podría haber hecho. Por otra parte, si sólo hubieran comprado plata física, el mercado probablemente no hubiera subido tanto, pero nunca hubieran tenido ningún contrato de futuros donde tenían que respetar las obligaciones. Hoy en día, el precio de la plata por fin está cerca de probar los máximos artificiales de la década de los 80. Igual que a los finales de los años 70, la inflación se está extendiendo, situaciones políticas en todo el mundo están precarias y los precios de energía están cerca de los máximos. Límites de posición y la contabilidad constante del mercado, hace que sea casi imposible acortar cualquier mercado hoy en día. Al final, los Hunt intentaron luchar dentro de la industria financiera y contra el gobierno de los Estados Unidos, sólo para después darse cuenta que las reglas estaban cambiando. Pero no se sienta tan mal por ellos, aunque perdieron enormes cantidades de dinero, cada uno todavía valen varios cientos de millones de dólares.

10C4. Moneda - Supuestos eventos sobre Soros y venta corta de la Libra Inglesa en 1992.

Hechos alegados escritos por "KIRKUK" y publicados en http://answers.yahoo.com/question/index?qid=20130404232443AA8NmK K

En 1990, Gran Bretaña se unió al EMS y la tarifa de la libra (GBP) se fijó en el nivel de 2,95 (DEM) con un corredor de moneda admisible ± 6%. A mediados de los 1992 gracias a la ERM, una disminución considerable del ritmo de inflación en países europeos- miembros del EMS, se alcanzó. Sin embargo, el mantenimiento artificial de las tasas de moneda en los límites del bróker de moneda creó dudas entre los inversores. La situación empeoró después de la reunión de Alemania Occidental y Alemania del Este en 1989. La debilidad de la economía de Alemania Occidental trajo a incensamiento al gasto nacional, lo cual obligó que Bundesbank emitiera más dinero. Esta política llevó a la inflación, y Bundesbank reaccionó con aumento en la tasa de interés. Las tasas altas de interés atrajeron a los inversores extranjeros, esto provocó un exceso de demanda en el marco alemán, y como resultado hubo un crecimiento de sus tasas. Gran Bretaña, obligado por el acuerdo del EMS, tuvo que mantener sus tasas de moneda nacional dentro de los límites fijos del bróker de moneda contra el marco alemán. La economía británica en ese momento se desestabilizó; la tasa de desempleo del país estaba a la alta. El aumento de la tasa de interés después de Alemania en estas condiciones sólo podía empeorar la situación. Pero no había otras posibilidades para reforzar la tasa de la moneda nacional en término cercano. En ese momento, George Soros y otro inversores consideraron, que el GB no sería capaz de mantener la tasa de moneda nacional en el nivel necesario, y que tendrían que anunciar su devaluación, o abstenerse de la ERM.

George Soros tomó la decisión de contratar deudas para la Libras (GBP), y venderlas por marcos alemanes (DEM), e invertirlos en los activos alemanes. Como resultado, se vendió casi 10 mil millones de GBP. George Soros no era el único pensando en esta dirección, y muchos inversores siguieron sus acciones. Como consecuencia de estas especulaciones, la situación económica inestable en Gran Bretaña se hizo aún peor. El Banco de Inglaterra en el intento de corregir la situación y para aumentar la tasa de la moneda volvió a comprar sus reservas de 15 millones GBP. Pero no trajo el resultado deseado. Luego, el 16 de septiembre de 1992, en el día, que además sería llamado "Miércoles Negro", el Banco de Inglaterra declaró que el aumento de la tasa de interés sería del 10% al 12% para neutralizar el auge, pero las expectativas de los políticos ingleses no resultó.

Los inversores, que venden libras, estaban seguros de que ganarían un enorme beneficio después de la continuada caída de su tasa. Unas horas más tarde, el Banco de Inglaterra reclamó para aumentar la tasa de interés al 15%, pero los comerciantes mantuvieron la venta de libras en grandes cantidades. Esto continuó hasta 19:00 de ese mismo día, más tarde el Secretario General en la Tesorería Norman Lamont pronunció que la Gran Bretaña estaba abortando el mecanismo europeo de cambio y la tasa de interés bajaría a 10%. Desde ese día, la caída del cambio de la libra comenzó, disminuyó un 15% con respecto al marco alemán y un 25% con respecto al dólar estadounidense dentro de 5 semanas. Esto trajo un beneficio enorme para el Quantum Fund - en sólo un mes George Soros ganó alrededor de 2 mil millones de dólares, comprando activos alemanes con la libra significativamente más baratos. La caída de la tasa de la tasa de cambio de la libra con respecto al dólar estadounidense después de los acontecimientos descritos anteriormente se muestra en la imagen. Se puede notar, que sólo en septiembre de 1992 la libra se redujo en casi 3000 ticks!

Por lo tanto, George Soros, "el hombre que rompió el Banco de Inglaterra" mostró, en qué medida los bancos centrales puede ser vulnerable a especulaciones de moneda de los grandes inversores en las condiciones de cambios mantenidos artificialmente. El uso de los fondos prestados permitió que George Soros obtuviera la riqueza dentro de unas pocas semanas, lo que estableció el inicio de su trabajo caritativo. Como hemos visto, para evitar la influencia negativa de las especulaciones monetarias en la economía del país, los bancos centrales crean reservas en forma de activos externos. Pero a medida que la práctica ha demostrado, dichas reservas puede llegar a ser ineficazes, si se oponen a los grandes capitales de los inversores, quienes tienen el mismo objetivo. Hoy en día, el mercado de moneda Forex es mucho más líquido que a principios de los años 90 Por lo tanto, ningún inversor, ni siquiera teniendo un capital de mil millones, será capaz de influir la tasa de cambio durante mucho tiempo. "Miércoles Negro" de septiembre de 1992 se dejó muy atrás, pero los hechos históricos no debe ser ignorados, porque la historia tiene una tendencia a repetirse.

10C5. Bienes raíces

El colapso financiero más reciente (de 2008) podría decirse que comenzó con derivados de crédito de las hipotecas de alto riesgo. No es sorprendente que estos son hipotecas emitidas por prestatarios de alto riesgo. Se ha dicho que había pocos documentos relacionados a la posibilidad de reembolso. Se ha dicho que el principal argumento para el pago era "los precios de la vivienda siempre suben, ¿no es así"? Por lo tanto, si el prestatario no paga, tomarán posesión de la casa.

Por lo tanto, el préstamo fue hecho, el prestamista original vendió el préstamo en un conjunto de una inversión estructurada. Los inversores compraron tramos. El prestamista original estaba fuera y no tenía ningún riesgo.

Una arruga en esta historia está bien documentada. AIG vendió protección en tramo preferente creados por estas hipotecas de alto riesgo. El derivado de crédito estaba en un tramo preferente. Son una compañía de seguros y como se ha indicado anteriormente, las compañías de seguros sólo pueden cubrir, replicar y hacer operaciones que genera ingresos de acuerdo con la Ley de Seguros de Nueva York. Esto no es ninguna de esas operaciones.

Lo hicieron en la compañía de sociedad ya que técnicamente no es una compañía de seguros. Es propietario de una compañía de seguros, pero no es en sí una compañía de seguros.

Por lo tanto, las ganancias se veían bien por la prima de derivado de crédito que AIG consiguió. El problema fue que hicieron muchos negocios y no reservaron para la pérdida potencial en el caso de un incumplimiento de pago. Los derivados de crédito comenzaron a actualizarse contra AIG ya que el mercado de bienes raíces estaba empeorando. AIG no tienen la liquidez para cumplir con las demandas de cobertura suplementaria.

¿Quién fue el beneficiario de la protección de estos tramos? Está bien documentado que varios grandes clientes de fondos de cobertura de un gran bróker de valores compraron la protección.

Lo que sigue es hechos alegados de "High Beam Research" de Rodney Ruff

http://www.highbeam.com/topics/american-international-group-aig-subprime-mortgage-crisis-t10020

Visión de conjunto

Basado en Nueva York, American International Group (AIG) fue uno de una serie de empresas, junto con Bear Stearns y Lehman Brothers, golpeado por la crisis de las hipotecas subprime de Septiembre de 2008. Fundada en 1919 como American Asiatic Underwriters, AIG había crecido a ser una corporación multinacional haciendo negocios en 130 países con empresas tan diversas como las empresas de arrendamiento de aeronaves y seguro de vida, junto con su negocio principal de seguro de hipoteca. A principios de 2007, AIG reportó $1 billones de activos, con $110 mil millones en ingresos. Hizo negocio en 130 países, con 116.000 empleados atendiendo a 74 millones de clientes. Su acción fue una de las 10 acciones más ampliamente retenida en 401(k) portfolios.

Sin embargo, desde 1987, AIG, a través de su división de Productos Financieros de AIG, había participado en swaps de incumplimiento de crédito (contratos de seguro cubriendo valores contra las pérdidas causadas por incumplimiento de pagos), que en 2008 había alcanzado un total estimado de $450 mil millones. Además, había contratado su gestión de valores a compañías como ICP Asset Management y Moore Capital, que trataban de ganar dinero para AIG a través de préstamos de acciones y bonos titulados por sus filiales de seguros de vida a los bancos y fondos de cobertura. El dinero generado por prestar estos valores se invirtió en valores residenciales respaldados por hipotecas. Cuando el valor de dichos valores se desplomó en 2008, AIG se vio fuertemente afectada, con swap de riesgo de incumplimiento del deudor creando un $14.7 mil millones porción de su pérdida total el segundo trimestre de $26,2 mil millones y otros $16.5 mil millones en garantía en su cartera de swap de riesgo incumplimiento del deudor.

El Rescate

Las enormes pérdidas obligaron que Moody amenazar a bajar las calificaciones de crédito de AIG si no podía obtener el capital suficiente para cumplir los requisitos de reserva de capital para la calificación "AAA" que AIG había mantenido hasta ese punto. El director ejecutivo de AIG, Robert B. Willumstad, se reunió con altos ejecutivos y banqueros de Blackstone Group, Citigroup y JPMorgan Chase, para planear cómo obtener capital y vender activos para cumplir con los requisitos de Moody.

Por desgracia, el colapso de Lehman Brothers arruinó esos planes, forzando que AIG apelar a los reguladores de seguros del estado de Nueva York por el permiso de usar un préstamo de $20 mil millones de sus filiales. Aunque se concede la aprobación, esa cantidad se determina insuficiente. Cuando AIG contacto funcionarios de la Reserva Federal para notificarles de su situación, la cantidad necesaria se había convertido en $30 mil millones. Sin embargo, cuando el secretario del Tesoro, Henry Paulson, Jr. se reunió con ejecutivos de AIG el 13 de septiembre, una auditoría posterior de los libros de AIG elevó la cantidad necesaria a $40 mil millones, una cantidad elevada después de otra auditoría por JPMorgan Chase a $65 mil millones.

Con la amenaza de una intervención gubernamental anticipada, los posibles inversores se echaron atrás. En un lunes por la mañana la Fed intento de juntar $75 mil millones en préstamos bancarios pero falló el 15 de septiembre, momento en el que tanto Moody y Standard and Poors bajaron la calificación de crédito de AIG así aumentando la cantidad de garantía AIG necesitaría producir para cubrir su contrato de swap de riesgo de incumplimiento del deudor a casi $100 mil millones.

Paulson notificó al presidente George W. Bush sobre la situación, mientras que los ayudantes se contactó con los líderes del Congreso para organizar una reunión con líderes de ambos partidos en ambas cámaras. Paulson y el presidente de la Fed Benjamin Bernanke presentaron un plan de préstamo para AIG de $85 mil millones en el cambio de un 79.9 por ciento de propiedad de la empresa. El préstamo real sería a través del Banco de la Reserva Federal de Nueva York, entonces dirigido por Timothy Geithner, sucesor eventual de Paulson como secretario del Tesoro. Varias semanas más tarde, el 7 de octubre, la Fed prometió otros $ 37.8 mil millones en préstamos después de que AIG pagó $10.7 mil millones de dólares en sus swaps de incumplimiento de crédito.

El 10 de noviembre, después de revelar que había publicado $ 37.3 mil millones de dólares en las swaps, AIG recibió una tasa de interés reducida y tres años para pagar su préstamo del gobierno, que se había convertido en parte de un paquete de rescate de $150 mil millones que consiste en un préstamo de $60 mil millones, $50 mil millones para comprar activos vinculados a hipotecas, y otros $40 mil millones en inversiones de capital.

Reestructuración y Resultados

El rescate de AIG permitido que siguiera funcionando, pero no como antes. Su American Life Insurance Company (ALICO) y Delaware American Life Insurance Company (DelAm) filiales se vendieron a MetLife en 2010, lo cual saco a AIG fuera del negocio internacional de seguros de vida. (Con la venta de ALICO, AIG obtuvo $16,8 millones de dólares.) Un acuerdo para vender su American International Assurance Group (AIA) a Prudential Financial ese año por $35.5 mil millones no se concretó porque los accionistas de Prudential no suscribirán el precio. En vez, AIG hizo AIA pública en la Bolsa de Hong Kong (Hong Kong Stock Exchange) en octubre de ese año, lo que generó otros $20 mil millones. Sin embargo, AIG vendió su Star Life Insurance y Edison Life Insurance a Prudential en febrero de 2011 por $4.8 mil millones, después de vender Nan Shan Life el mes anterior a Ruen Chen de Taiwan por $2.16 mil millones.

Las ventas de estas filiales habilitó AIG a publicar las ganancias del cuarto trimestre de 2010 de $11.2 mil millones, compensando sus pérdidas de los primero tres trimestres, y proporcionando un contraste significativo con la pérdida del cuarto trimestre del año anterior de $8.87 mil millones. En general, los ingresos del año 2010 fueron de $7.8 mil millones, en contraste con el la pérdida total de $10.9 mil millones en 2009.

En abril de 2011, AIG anunció sus planes de demandar ICP Asset Management y Moore Capital por pérdidas sufridas asegurando los valores hipotecarios de ICP. La demanda pide $350 millones en daños de ICP, así como las ganancias obtenidas por Moore. AIG también planea demandar a los bancos como Bank of America y Goldman Sachs quienes crearon más de $40 millones en bonos hipotecarios que les había comprado.

10D. Las consideraciones fiscales

Cuestiones fiscales también son una parte de la negociación. Actualmente, las empresas tributan lo mismo por ganancias de capital e ingresos pero las ganancias y pérdidas no se transfieren a través de los dos. Por lo tanto, la atención se requiere para asegurarse que las dos cestas se llenan de manera uniforme.

10E. Contabilidad

Las ganancias (en el estado de resultados) son más importantes que los excedentes (en el balance). Cualquier cosa que hace que los ingresos fluctúan es tabú.

Derivados están marcados por las ganancias en la contabilidad GAAP. Así, la cobertura con derivados (donde el cambio en los derivados de los precios y el cambio en la cobertura de valores pasan por las ganancias) es preferible a una posición de derivado absoluta que se marca a través de las ganancias sin desplazamiento.

¿Pero qué pasa con una nota estructurada? Puede contener derivados y estar ser marcada por excedentes en determinadas circunstancias! Por ejemplo, un "tramo" haciendo referencia a un conjunto de derivados de crédito están marcados por excedentes. Una nota estructurada que tiene un derivado incrustado en una emisión corporativa está actualmente dividida. Las fluctuaciones de las notas en valorar al precio de mercado pasan por excedentes pero las marcas de derivados de acciones pasan a través de la cuenta de resultados! La nota estructurada se bifurca!

10F. Aplicaciones industriales específicas

10F1. Bróker de Valores

Usted es un bróker sugiriendo inversiones a personas y empresas. ¿Cómo utiliza la información de este libro?

Las personas suelen tener una gran cantidad de acciones en sus portafolios. La venta de opciones de compra es una manera de empezar. Si el individuo cree que vale la pena aferrárse a la acción pero creen que va "descansar" en el precio por un tiempo, vende opciones de compra y recolecta la prima.

Otro enfoque es saber que futuros o contratos a plazo son una alternativa a los comercios con margen. En lugar de pedir prestado en el margen y comprar, ve largo en el futuro si la tasa de financiación es más bajo que los intereses pagados en el margen. Usted estará largo en el contrato a plazo a un nivel más bajo que el comercio con margen ya que los contratos a plazo son más bajos con tasas de financiación menores.

Por supuesto, los fondos de cobertura y otros fondos de inversión asentados a "spot" deben añadirse suponiendo que se ven bien desde una perspectiva de riesgo/retorno.

Por último, los activos estructurados pueden agregar la protección en comparación con inversiones en un portafolio de los mismos activos en el conjunto estructurado. Esto se debe a que los activos estructurados tienen tramos de acciones. Es decir, si sólo algunos de los conjuntos fracasan, usted está mejor con estructura siempre que el incumplimiento no se "comerá" su tramo.

La desventaja es el riesgo de gravedad. Por ejemplo, si usted es dueño de un tramo que se inicia por incumplimiento de pago después de que el 10% del conjunto se ha ido, el siguiente 15% podría aniquilarlo si esa es la "anchura" de su tramo. Sus $100 de inversión en el tramo se acabada si el 25% se pone en incumplimiento, pero sólo $25 de sus $100 se ha ido si invierte en el conjunto.

10F2. Fondo de cobertura

Este grupo probablemente es el usuario más amplio de alternativas.

Uno de los comercios más utilizados es el arbitraje. Por ejemplo, supongamos que un futuro es de un precio más alto que sugieren los cálculos de carga y entrega de opciones. Los fondos de cobertura hacen un "comercio de base" - toman prestado y compran el dinero en efectivo y venden el futuro.

Uno de los comercios de derivados de crédito de arbitraje más precoz involucraba la compra de un bono y la compra de protección. Si el bono se encontraba con preocupaciones por incumplimiento de pago, el futuro se movería más en el "spread" (la propagación) que en el efectivo y la ganancia en el derivado de crédito seria mayor que la pérdida del bono. Si nada hubiera pasado, la carga del bono ganado era a menudo mayor que la prima de derivado de crédito. Uno de ellos fue pagado para tener posiblemente un beneficio!

APÉNDICES

Apéndice del capítulo 2

A, Matriz de Valores Alternativos Financiados

Ejemplos de inversiones pertenecientes a las células en la matriz, Estos ejemplos son vistos desde la perspectiva del inversor, no en lo que la propia entidad invierte.

Principal Impulsor de Valor	No Estructurado	Estructurado
	1	8
Tasa de interés	2	9
Credito	3	10
Acción	4	11
Commodity	5	12
Moneda	6	13
Bienes raíces	7	14
Otro		

No Estructurado   Estructurado

1. Fondos de Inversión y Fondos de Entrepiso
2. Fondos de Inversión
3. Fondos de Inversión, Acción Privada
4. Fondos de Inversión
5. Fondos de Inversión , Intercambio de Monedas, Monedas de Oro y Plata
6. Fondos de Inversión , Bienes raíces, préstamos mayoristas

8. Tramos de CBO, CLO
9. Tramos de CDO, Bonos Convertibles
10. Acción Privada, Bonos Convertibles, ET,
11.
12. Cestas de primero por incumplimiento de pago
13. Tramos de CMO (Residencial), y CMBS (Comercial)

14.

B, Matriz de Activos Alternativos Ilimitados - Posición necesita efectivo mínimo en el asentamiento,

Principal Impulsor de Valor	OTC		Bolsa		Hipotético en Dic/2012	
	Plazos Opciones		Futuros Opciones		OTC	Bolsa
Tasa de interés	1	8	15	22	489.7	22.6
Crédito	2	9	16	23	25.1	
Acción	3	10	17	24	63	12
Commodity	4	11	18	25	0.5	
Moneda	5	12	19	26	67.8	0.2
Bienes raíces	6	13	20	27	589.4	24
Otro	7	14	21	28		

Plazos y futuros pueden ser partidos por puntos o diferido. Las opciones son sobre los plazos. Cada célula puede ser estructurada (una opción típica). Tamaños nocionales en miles de millones obtenidos en www,BIS,org.

No Estructurado

1. Notas y Bonos, Swaps de Libor, Tomas de Posesión y Reversiones,
2. Derivados de Crédito de Nombre Único
3. Mercado de Plazos Activos en "Nombres" Únicos,
4. Mercado de Plazos Activos en Activos Únicos,
5. Mercado de Plazos Activos en Activos Únicos,
6. La mayoría de compras de RE Plazo de 45-90m días
7.
8. Mercado de opciones muy activo
9.
10. Mercado de opciones muy activo
11. Mercado de opciones muy activo
12. Mercado de opciones muy activo
13.
14.
15. Nota, Bono y Libor futuros son activos
16.
17. Futuros de Acciones muy activos
18.
19. Operar en la bolsa de Philadelphia
20.
21.
22. Mercado de opciones activo
23.
24. Mercado de opciones activo

Estructurado

1. Swaps de Regreso Total de Bonos, TBAs
2. Indice de Derivados de Credito
3. Swaps de Regreso Total de S&P
4. Swaps de Cesta de Commodities
5. Swaps de Cesta de Monedas
6. CMBX
7.
8.
9.
10. Opciones de S&P 500 son muy activas
11.
12.
13.
14.
15.
16.
17.
18.
19.
20.
21.
22.
23.

Apéndice del capítulo 7, Continuado

1, Supongamos un acuerdo de 15M es financiado por una estructura capital de 40% de acciones y 60% de deuda. Los dos inversores son el fondo y los socios generales (SG) en el fondo. Los dos inversores poseen lo siguiente al principio.

Tipo de Activo	Información Adicional sobre el Activo	Dueño del Activo	% del Acuerdo Total	Tasa de Interés	Term o	Orden de Pagamiento al Madurecer del Acuerdo
Deuda	Bonos de alto rendimiento	Fondo	60%	8%	10 Años	1
Acción	Acciones Preferenciales	Fondo	30%	10%	-	2
Acción	Común	Fondo	8%	Dividendos	-	3
Acción	Común	SG	2%	Dividendos	-	4

2. Suponga, durante el acuerdo, los flujos (fluidos) de caja intermedios pagan los dividendos, pagan los cupones de alto rendimiento y parcialmente amortizar el principal de bonos de alto rendimiento a 3.5 millones,

3. Suponga que, el acuerdo se vende en 7 años por 17 millones, ¿Qué gana cada una de las partes?

Tipo de Activo	Información Adicional sobre el Activo	Dueño del Activo	% del Acuerdo Total	Inversión Inicial $	Distribución de Venta $ Final	IRR
				$15,000,000	$17,000,000	
Deu-da	Bonos de alto rendimiento	Fondo	60%	$9,000,000	$3,500,000	8%
Acción	Acciones Preferenciales	Fondo	30%	$4,500,000	$8,769,227	10%
Acción	Común	Fondo	8%	$1,200,000	$3,784,618	18%
Acción	Común	SG	2%	$300,000	$946,155	18%

Apéndice del capítulo 9, Continuado
Calculando Factores de Descuento, Estructura Temporal, Rendimiento de plazos y otros tipos de rendimientos,

1, Comenzamos con una curva par, Este es el rendimiento en cada vencimiento de típicamente la última emisión de bonos (ya que tienen una situación próxima al precio de mercado de $1 por cada "par" $1 que se obtiene en el vencimiento), Es decir, el rendimiento de la deu-da proviene de cupón, no de la apreciación del precio,

2, A partir de la curva par, obtenemos los factores de descuento de flujos de caja que ocurren en diferentes momentos, Estos números, cuando se multiplican por los flujos de caja futuros, llevan los valores futuros de nuevo a la actualidad, El conjunto de factores de descuento para los diferentes tiempos se llama estructura temporal, A continuación suponemos cupones (C1, C2,...) se les paga cada 6 meses (pero citado anualmente),

6 meses	1 año	1,5 años	2 años	2,5 años	3 años
C1	C2	C3	C4	C5	C6
1.5	2	2.5	3	3.5	4

df(1)	df(2)	df(3)	df(4)	df(5)	df(6)
0.992556	0.980272	0.963298	0.941831	0.916104	0.886391

Puesto que son bonos al par, valen $ 1 hoy y maduran en par (también $ 1), Por lo tanto:

Para df(1) tenemos $1=(1.5/200)*df(1) + 1*df(1)$ O,
Para e factor de descuento de 6 meses, tenemos $df(1) = 1/(1+(C1 / 200))$

Considere df (2) Tenemos $1 = (2/200) * df (1) + (2/200) * df (2) + 1 * df (2)$ O,
 por un año, $df (2) = (1- (C2 / 200) * df (1)) / (C2 / 200 \ 1)$

Considere df (3) Tenemos $1=(2.5/200)*df (1) + (2.5/200)*df (2) + (2.5/200)*df (3) + 1*df (3)$
Así 1.5 años es $df (3) = (1 - ((C3 / 200) * (df (1) + df (2)))) / (C3 / 200 + 1)$

3, Rendimientos de Plazos Equivalentes a Bonos semi-anuales (Plazos BEY)
 Nota: PV = FV * df, Puesto que PV = 1 (bonos pares), 1 / df = FV,

IN	FV de $1 hoy	
1	1.007500	=1/df(1)
2	1.020125	=1/df(2)
3	1.038100	=1/df(3)
4	1.061762	=1/df(4)
5	1.091579	=1/df(5)
6	1.128170	=1/df(6)

Nuestro dinero en 5 años es nuestro dinero después de 2 años crecido por los rendimientos de plazo durante 3 años,
Tenemos $FV5 = FV2 * (1+ 2F3 / 200) ^ 3$
Esto significa que, en 2 por 3 (o 2F3) = $((FV5 / FV2) ^ (1/3) - 1) * 200$

2F3 = ((1,091579 / 1,020125) ^ (1/3) - 1) * 200 = **4,564642** Ver células negrita a **continuación**				
IN	PARA>>>1	2	3	4	5
1	2.506266	3.014493	3.527940	4.048095	4.576583
2	3.523996	4.040709	**4.564642**	5.097461	
3	4.558734	5.086959	5.624648		
4	5.616548	6.159686			
5	6.704258				

113

Apéndice del capítulo 9, Secciones A3 y A5, Continuado

4. Todas estas tasas son BEY, Otros tipos de tasas están por debajo, Aquí F = Face = Par = FV

a. Descuento

$$(dy) \ dy = ((F-P) / F) * (360 / t) \text{ donde t es en días}$$
$$dy = 10\% = (100 \text{ a } 90) / 100$$
$$P = F * (1 - dy * t / 360)$$

b. Mercado de dinero
(A veces llamado
Añadir al rendimiento)

$$AOY = ((F-P) / P) * (360 / t)$$
$$P = F / (1 + AOY * t / 360)$$

c. BEY (rendimiento equivalente a bono) $P = F / [(1 + bey / 2) \wedge (2 * t)]$ donde t = número de años

d. r continuo $P = F / e \wedge (r*t)$ o $P = F * e \wedge (-r*t)$

F=	100
r (.1=10%)=	0.1
t=	1
P=	90,4837

Como $e \wedge (r * t) = (1 + Bey / 2) \wedge (2 * t)$ $r = \ln [(1 + Bey / 2) \wedge (2t)] / t$
Por lo tanto, $e \wedge [(r * t) / (2 * t)] = (1 + Bey / 2)$ $bey = ((e \wedge (r / 2)) - 1) * 2$
                                                                  $bey = 0,1025$
Es decir, un rendimiento continuo 10% es un rendimiento bey 10.25%, Prueba:

F = $1 * e ^ (r*t),	FV
Para r = 10% & t = 1 año, FV=	1,105171

F = (1+bey/2)^(2*t)	FV
Para bey = 10.25% & t = 1 año, FV=	1,105171

114

Apéndice del capítulo 9, Sección A4

1, Regresión múltiple utilizada para calcular los factores de descuento
Considere la posibilidad de una matriz de valores como filas y los flujos (fluidos) de efectivo asociados a cupones y par como columnas. Por ejemplo, MP1 = el precio de mercado del valor 1, MP2 = el precio de mercado como del valor 2, etc.

Meses	0-6	6-12	12-18	18-24	24-30
Precio de Mercado hoy					
MP1 = 100,1	$1	$1	$100	0	0
MP2=99,5	$1.5	$1.5	$1.5	$100	0
MP3=97,8	$2	$2	$2	$2	$2
Coefficients>>>	C1	C2	C3	C4	C5

Regresión Múltiple resuelve los coeficientes (C1, C2,...) para crear precios equipados. Los precios equipados son la suma de los coeficientes veces los flujos (fluidos) de efectivo. Por ejemplo:

Precio Adaptado (FP)					
FP1=	C1* $ 1	+ C2 * $ 1	+ C3 * $ 100	+ C4 * $ 0	+ C5 * $ 0
FP2 =	C1 * $ 1.5	+ C2 * $ 1.5	+ C3 * $ 1.5	+ C4 * $ 100	+ C5 * $ 0
FP3 =	C1 * $ 2	+ C2 * $ 2	+ C3 * $ 2	+ C4 * $ 2	+ C5 * $ 2

Regresión Múltiple resuelve C1 - C5 tales que los precios equipados están cerca de los precios de mercado. Se soluciona para el C1 - C5 tal que la suma de $(MP1 - FP1)^2 + ... + (MP3 - FP3)^2$ es mínima.

Observe que cada período de tiempo sólo tiene un coeficiente a través de valores. Este es un valor similar a los factores de descuento calculados en 9A5.
Similar en que los coeficientes se multiplican los valores futuros para obtener los valores actuales. Diferente, ya que todos los valores influyen en los coeficientes.

2, Técnicas de interpolación (Una nota)

Es difícil encontrar un conjunto de valores que tienen los flujos (fluidos) de efectivo con fechas exactamente coincidentes. La "solución" de la contracción de los "cubos" de tiempo podría causar que algunos flujos (fluidos) de efectivo por cada cubo.
En cambio, las técnicas de interpolación se utilizan para ajustar (deslizar) los flujos (fluidos) de efectivo en el tiempo.

Apéndice del capítulo 9 - Secciones A7a y A7b

Duración Macaulay como una medida de la sensibilidad al precio -
Es el porcentaje de variación de precio para una particular variación en tasa de porcentaje.

Precio más los intereses acumulados es el valor presente de los flujos futuros (C (i)).

PV (0) = suma (i = 1 a N) de $\{C (i) / (1 + r) \wedge i\}$
Donde PV (0) es el precio del día de hoy, más devengados

$$DPV (0) / dr = \text{suma (i = 1 a N) de } \{[-C (i) * i * (1+r) \wedge (i-1)] / [(1+r) \wedge (2i)] \}$$
$$= (1 / (1 + r)) * \text{sum (i = 1 a N) de } \{[-C (i) * i] / [(1+r) \wedge i]\}$$
$$= - \text{Suma (i = 1 a N) de } \{[PV (i) * i] / [1+r]\}$$

Esto nos da una medida de la sensibilidad al precio (cambio en el precio o dPV (0)) para un cambio en las tasas (dr). Sin embargo, la duración de Macaulay es el cambio porcentual en precio para un cambio porcentual en las tasas. Por lo tanto, tenemos que multiplicar por encima por (1 + r) / PV (0).

Por último, la duración Macaulay = t = (DPV (0) / PV (0)) / (dr / (1 + r))

Por ejemplo

t = 12 (12 periodos de seis meses o 6 años), PV (0) = $ 124,234
1 + r = 1.01. el dr = 0.0001 (un punto base de rendimiento)

dPV (0) = T * PV (0) * dr /(1+r)=$0.1476   Ecuación 1

Por lo tanto, $ 100 de bonos par, un precio de $124,234 mueve $0.1476
con un movimiento de un punto básico (0001) de rendimiento si la duración es de 6 años.

Apéndice del capítulo 9 - Secciones A7a y A7b, Continuado

Duración Macaulay como una medida de tiempo de mínimo riesgo

El valor de una inversión en el futuro, V (T), es el valor de los cupones reinvertidos y el precio en T. Deja que estos flujos de caja sean C (i).

$$V (T) = suma (i = 1 \ a \ N) \ de \ \{C (i) * (1 + r) ^ (T\text{-}i)\} \qquad 0 <T <N \ \text{Ecuación 2}$$

Por ejemplo, supongamos que N es 3 y cupones se pagan a cada 6 meses.

V (1) = C (1) + C (2) / (1 + r) + C (3) / ((1 + r) ^ 2)	T = 1 y N = 3
V (2) = C (1) * (1 + r) + C (2) + C (3) / (1 + r)	T = 2 y N = 3
V (3) = C (1) * (1 + r) ^ 2 + C (2) * (1 + r) + C (3)	T = 3 y N = 3

Si T = 1, acabamos de recibir el primer cupón y el precio es la suma de los otros dos términos. Si T = 2, hemos recibido el primer cupón, reinvertido durante un período, hemos recibido el segundo cupón y el precio es el tercer término. Si T = 3, nuestro valor es cupones reinvertidos y el flujo de caja final.

Suponiendo que T = 1, si las tasas suben, nuestro valor disminuye. Si T = 3, si las tasas suben, nuestro valor sube. En algún lugar hay un equilibrio y no nos importa si las tasas suben o bajan, Estamos "inmunizados" al movimiento de las tasas.

Queremos minimizar el cambio en V (T) con respecto a las tasas.
Para encontrar que el punto de equilibrio, tomar la derivada de V (T) - Ecuación 2 - con respecto a los tipos R y igualarlo a 0.

$$dV (T) / dr = suma (i = 1 \ a \ N) \ de \ \{(T\text{-}i) * C (i) * (1 + r) ^ (T\text{-}i\text{-}1)\} = 0$$
$$= Suma (i = 1 \ a \ N) \ de \ \{C (i) * (1 + r) ^ (\text{-}i) * (T\text{-}i) * (1 + r) ^ (T\text{-}1)\} = 0$$
$$= Suma (i = 1 \ a \ N) \ de \ \{PV (i) * [T * (1 + r) ^ (T\text{-}1) - i * (1 + r) ^ (T\text{-}1)]\} = 0$$

Igualando un lado al otro y dividiendo ambos por (1 + r) ^ (T-1)
suma (i = 1 a N) de {PV (i) * T} = suma (i = 1 a N) de {PV (i) * i}

$$T = suma (i = 1 \ a \ N) \ de \ \{[PV (i) * i]\} / PV (0) \qquad \text{Ecuación 3}$$

Es decir, el tiempo para mantener el valor para minimizar el riesgo de tasa es T y se encuentra ponderando los valores actuales por el tiempo.

Apéndice del capítulo 9 - Secciones A7a y A7b, Continuado

En el ejemplo del bono de 7 años abajo, suponga que $(1+r)= 1,0101$
También suponga que existe un cupón anual de $5,750

I	C	PV(i)	De la Ecuacion 3 PC(i)*i / PV0	& Ecuacion 2 C(i) * $(1+r)^{(124)}$
1	$2,875	$2,864	0,023	$3,211
2	$2,875	$2,818	0,045	$3,179
3	$2,875	$2,790	0,067	$3,147
4	$2,875	$2,762	0,089	$3,116
5	$2,875	$2,734	0,110	$3,085
6	$2,875	$2,707	0,131	$3,054
7	$2,875	$2,680	0,151	$3,023
8	$2,875	$2,653	0,171	$2,993
9	$2,875	$2,626	0,190	$2,963
10	$2,875	$2,600	0,209	$2,933
11	$2,875	$2,574	0,228	$2,904
12	$2,875	$2,548	0,246	$2,875
13	$2,875	$2,523	0,264	$2,846
14	$102,875	$89,373	10,072	$100,828
	Suma=PV(0)=	124,234		
		Suma=T=	11,996	
		V(T)=V(12)=		$140,157

¿Cuál sería nuestro piso del rendimiento esperado si llevamos a cabo ese período de tiempo? Queremos PV (0) y V (12). Se trata de un período de 6 años (12 semianual).

PV(0)= sume de los PV(i) = $124,234
y V(T)= $140,157

El rendimiento mínimo antes de impuestos que debe superar el periodo de sustento es
[V(T) – PV(0)] / PV(0) =

12.82%

Esta tasa, expresada como un bey anual, compuesto semestralmente es = 2,02%

¿Es un mínimo? Suponemos que tenemos de 12 períodos y 1 + r es en realidad valores diferentes, A continuación vemos que 1.01 es el suelo,
(1+r)   V(T)
1.00 $140.25
1.01 $140.16
1.02 $140.26
¿Qué ocurre con varios turnos, no sólo uno?

Hay dos sectores, acciones y bonos

El fondo está invertido en su totalidad en las dos clases de activos.

	Acciones Peso Fondo FW(1)	Acciones Rendimiento Fondo FR(1)	Bonos Peso Fondo FW(2)	Bonos Rendimiento Fondo FR(2)	Acciones Peso Indice IW(1)	Acciones Rendimiento Indice IR(1)	Bonos Peso Indice IW(2)	Bonos Rendimiento Indice IR(2)	Fondo Rendimiento FW(i)*FR(i) (A)	Fondo Peso & Indice Rendimientos FW(i)*IR(i) (B)	Indice Rendimiento IW(i)*IR(i) (C)	Abajo Arriba A-B	Arriba Abajo B-C	A-B – B-C = A-C
Meses														
1	0,6	0,70%	0,4	0,50%	0,5	0,40%	0,5	0,20%	0,62%	0,32%	0,30%	0,30%	0,02%	0,32%
2	0,5	0,80%	0,5	0,60%	0,5	0,40%	0,5	0,20%	0,70%	0,30%	0,30%	0,40%	0,00%	0,40%
3	0,7	0,20%	0,3	1,20%	0,5	0,40%	0,5	0,20%	0,50%	0,34%	0,30%	0,16%	0,04%	0,20%
4	0,5	0,30%	0,5	0,60%	0,5	0,40%	0,5	0,20%	0,45%	0,30%	0,31%	0,15%	0,00%	0,15%
5	0,7	0,60%	0,3	-0,20%	0,55	0,40%	0,45	0,20%	0,36%	0,34%	0,31%	0,02%	0,03%	0,05%
6	0,1	0,40%	0,9	0,60%	0,55	0,40%	0,45	0,20%	0,58%	0,22%	0,31%	0,36%	-0,09%	0,27%
7	0,3	0,50%	0,7	1,50%	0,55	0,40%	0,45	0,20%	1,20%	0,26%	0,31%	0,94%	-0,05%	0,89%
8	0,4	0,80%	0,6	0,90%	0,55	0,40%	0,45	0,20%	0,86%	0,38%	0,31%	0,58%	-0,03%	0,55%
9	0,9	0,50%	0,1	0,50%	0,55	0,40%	0,4	0,20%	0,50%	0,38%	0,31%	0,12%	0,07%	0,19%
10	0,3	0,80%	0,7	0,70%	0,6	0,40%	0,4	0,20%	0,55%	0,26%	0,32%	0,29%	-0,06%	0,23%
11	0,2	0,50%	0,8	-0,60%	0,6	0,40%	0,4	0,20%	-0,30%	0,24%	0,32%	-0,54%	-0,08%	-0,62%
12	0,5	0,80%	0,5	0,40%	0,6	0,40%	0,4	0,20%	0,25%	0,30%	0,32%	-0,05%	-0,02%	-0,07%
									6,27%		3,71%	2,73%	-0,17%	<Sumas

Fondo – Rendimiento de Índice	= 2,50%	Suma(A-C) =Alpha	2,50%

Apéndice del capítulo 9 – Sección D1a

Forma abierta de valoración de opciones -El abordaje de cobertura

Supongamos que uno cree que los activos podrían ser dos niveles diferentes en el futuro (Basado en la volatilidad y el plazo). ¿Se podría cubrir con opciones? Si vendimos opcion de compras, ¿cuál es la tasa de cobertura por la que se llegue hasta el mismo final valor en ambos casos? Eso significaría que estaban cubiertos.

Paso 1 Igualar valores finales independientemente del movimiento del mercado

h * P1 - MAX (P1 - K, 0) = h * P2 - MAX (P2 - K, 0)
o h = (MAX (P1 - K, 0) - MAX (P2 - K, 0)) / (P1 - P2)

h = tasa de cobertura (para resolver)
P1 = precio de los activos en el futuro en el estado 1
K = Opcion de compra de precio de ejercicio
P2 = precio de los activos en el futuro en el estado 2

Paso 2 Valor actual de un valor final para obtener precio de la opción hoy

(H * P1 - MAX (P1 - K, 0)) / (1 + r) = h * P0 - C0

C0 = prima de opcion de compra vendida (para resolver)
r = tasa de activos que no tienen riesgo de mercado en el futuro
P0 = precio de los activos en el tiempo 0

Ejemplo

Paso 1	Paso 2
P1 = 101 K = 100 P2 = 99 P0 = 100 **h = (1 - 0)/2 h = .5**	r = 0.002 = 0.2/100 = 0.2% P0 = 100 **C0 = 50 - ((50.5 - 1) / (1.002)) ; C0 = 0.5988**

Hemos vendido una opción 1 período y volverla a comprar hoy en día costaría $ 0.5988

Pero, ¿estamos cubiertos? Considere el valor final definido en el paso 2.
(h * P1 - MAX (P1 - K, 0)) A continuación se demuestra que tenemos el mismo valor con P1 y P2.

> Para P1, ,5*101 - MAX (101 - 100, 0) = 49.5
> Para P2, ,5*99 - MAX (99 - 100, 0) = 49.5

Apéndice del capítulo 9 – Sección D1b

Forma abierta de valoración de opciones con períodos finales continuos, Suponer:
1. Usted desea calcular el coste de una opción de compra europea un año después un bono de 30 años.
2. El precio actual es de $ 99,5 por $ 100 el par, Este es también el llamado "precio de ejercicio".
3. El bono acumulado es $ 0,25 (que son un poco más allá de una fecha de cupón)
4. El cupón es del 5% y el costo de los préstamos es del 4%.
5. El año comercial para el cupón del bono es de 30/360 y el costo de los préstamos es real / 360.
6. El factor de descuento es del costo de los préstamos pv * (1,04) = FV, Por lo tanto, DF = 1 / 1.04 = 0.9615
7. La desviación estándar es de 8%.

Paso uno, Calcular un precio a plazo dado que tomamos prestado $ 99,75 (Precio + acumulado) hoy.
1. El dinero que se obtuvo a partir de cupón = par * * tasa de cupón hora (en formato año comercial) = $ 0.05 * 100 * 360/360 = $ 5.
2. El dinero que se pagará a pedir dinero prestado para comprar el bono = (P + A) * * El tiempo de préstamo de tasa
 = $ 99.75 * 0.04 * 365/360 = $ 4.0454
3. Por lo tanto, hoy hemos prestado $99.75. En el largo, que ganamos el cupón y pagar los costos de financiación.
 Adelante Precio = $ 99.75 + 4.0454 $ - $ 5 = $ 98.7954 = Cuando nos centramos la distribución,
4. La prueba precio a plazo es correcta
 En un año, entregamos la fianza y obtenemos $ 98.7954. Nos ganamos $ 5 en el cupón = $ 103.7954.
 Nos pagar los costos de endeudamiento de $ 4.0454 y tienen $ 99.75 que pagar cantidad del préstamo original.
5. Por lo tanto, PF = punto (P + A) + Préstamo Costo - Cupón ganó.

Paso dos, Extender una distribución sobre el precio a plazo.
1. Supongamos que los precios forman una distribución simétrica (no es una suposición Black Scholes pero lo haremos llegar a ese punto).
2. Suponga que la distribución simétrica es normal, Esto significa aproximadamente 66 2/3% de las puntuaciones se encuentran dentro de una desviación estándar de la media.
3. La volatilidad es la desviación estándar y es un porcentaje del precio a plazo.
Paso tres, Definir los pagos de vencimiento y probabilidad asociada de los pagos.

Paso cuatro, Valor actual de probabilidad ponderada pagos a través de los precios a plazo y suma,
 La prima de la opción es de $2.56 por cada $100 nominal pagado hoy.

Eje Y

0,3989	X
0,242	X
0,054	X
0,0044 X	X

Probabilidad de X

Eje X	-3 Std Dev	-2 Std Dev	-1 Std Dev	The Fwd	1 Std Dev	2 Std Dev	3 Std Dev
Probabilidad de X (distribución normal estándar)	0,004	0,054	0,242	0,399	0,242	0,054	0,004
Probabilidad cumulativa de X	0,004	0,058	0,300	0,699	0,941	0,995	1,000
Precios de Plazos	75,095	82,995	90,895	98,795	106,695	114,595	122,495
Pagamientos a la expiración (llamada ejecutada en 99,5)	0,000	0,000	0,000	0,000	7,195	15,095	22,995
Probabilidad * Pagamientos de opciones	0,000	0,000	0,000	0,000	1,741	0,815	0,101
Valor presente de Probabilidad * Pagamientos	0,000	0,000	0,000	0,000	1,674	0,784	0,097

La Prima de la Suma de la Opción = 2,5554

Apéndice del capítulo 9 – Sección D1c

Fijación de precios de opciones de forma abierta – El Abordaje Binomial
1. Cox y Rubinstein (1985) presentan el siguiente análisis.

Suponga que poseemos una cartera de acciones y bonos. Si estamos todos en la acción, replicamos una profundidad en la opcion de compra de dinero.

Si estamos en bonos que ganan una tasa de seguro (libre de riesgo) durante el período, somos indiferentes al mercado como un afuera de la opcion de compra de dinero.

Entonces, podemos replicar una opcion de compra variación de la cantidad de acciones y bonos.

Deja que:
[1] $h * (1 + u) * S + B * (1 + r) = Cu$
[2] $h * (1 + d) * S + B * (1 + r) = Cd$

h = la cantidad de las acciones mantenidas en los dos estados = la tasa de cobertura mencionado encima.
u = movimiento de acciones hacia arriba, Por ejemplo 0.01
d = movimiento de acciones hacia abajo, Por ejemplo -0.01
S = precio de las acciones antes de la mu-danza
B = la cantidad sostenida en bonos
r = la tasa de interés libre de riesgo durante el período de tiempo que la mu-danza pasa
Cu = valor de Opcion de compra en situación de subida
Cd = valor de la opcion de compra en situación descenso

Como h es un valor desconocido, pero el mismo valor en ambas ecuaciones, podemos restar [1] - [2]
[3] $[1] - [2] = Cu-Cd = h * (1 + u) * S - h * (1 + d) * S$; $h = (Cu - Cd) / ((1 + u) - (1 + d)) * S$ o
$h = (Cu - Cd) / ((u-d) * S)$
h = el cambio en el precio de la opción / el cambio del precio de las acciones = "delta".
Queremos obtener una expresión para B, la cantidad de dinero en efectivo que debemos mantener. En [1] tenemos
[4] $h * (1 + u) * S + B * (1 + r) = Cu$
Insertando h, $((Cu-Cd) / ((u-d) * S)) * (1 + u) * S + B * (1 + r) = Cu$
$B * (1 + r) = (Cu * (u-d) / (u-d)) - (Cu + u * Cu -Cd -u * Cd) / (u-d)$
O $B = ((1 + u) * Cd - (1 + d) * Cu) / ((u-d) * (1 + r))$
Ahora tenemos expresiones para h y B. la cantidad de acciones y efectivo tenemos que replicar la opcion de compra. Queremos que C0 (el valor de la opción de compra "hoy"), En el nodo antes de la corriente hasta nodo abajo, tenemos
[5] $C0 = S * h + B$
$C0 = (Cu-Cd) / (u-d) + ((1 + u) * Cd - (1 + d) * Cu) / ((u-d) * (1 + r))$
Los términos del numerador del lado derecho sobre un denominador común de $(u-d) * (1 + r)$ es:
$(1 + r) * Cu - (1 + r) * cd + (1 + u) * cd - (1 + d) * Cu$
Recolectando de términos
$C0 = ((r-d) * Cu + (u-r) * cd) / ((u-d) * (1 + r))$
[6] $C0 = [((r-d) / (u-d)) * Cu + ((u-r) / (u-d)) * Cd] / (1 + r)$
Si definimos el multiplicador de Cu como P, el multiplicador de Cd es 1-P ya que
$P = (r-d) / (U-D)$ y $1-P = (u-d) / (U-D) - (rd) / (U-D) = (uR) / (U-D)$
Se puede escribir [6] como,
[7] $C0 = (P * Cu + (1-P) * Cd) / (1 + r)$

2. Por ejemplo

Pasos
1 Calcular Matriz de Precios de Acciones
2 Colectar precios finales de llamada
3 Usar ecuacion [7] para precios de llamadas
4 La matriz es continuada en la proxima pagina

Precio de la Acción	100.000000	
Ejecución de llamada	100.000000	
$1+r$	1.000027	$(1+0.01 \cdot 365)$
$1+ru$	1.010000	
$1+rd$	0.990000	
P	0.501370	
1-P	0.498630	

	0	
Precio de la Acción CO	100.00	
Precio CO	0.75	

Árbol binomial:

	Precio de la Acción	Precio de llamada
3(ddd)	97.03	0.00
2(dd)	98.01	0.00
3(udd)	98.99	0.00
1(d)	99.00	0.25
2(du o ud)	99.99	0.50
3(uud)	100.99	0.99
1(u)	101.00	1.26
2(uu)	102.01	2.01
3(uuu)	103.03	3.03

3. Utilizando la distribucion binomial de probabilidad para periodos cortos

N=	3
$(1+r)^3=$	1.001

# de ascensos =U	$\frac{N!}{(N-U)!\,U!}$	$P^i U$	$(1-P)^{(N-U)}$	Valor Terminal de Llamada =Max(S-K,0)	Probabilidad Veces Valor Terminal
0	1	1.0000	0.1240	0.0000	0.0000
1	3	0.5014	0.2486	0.0000	0.0000
2	3	0.2514	0.4986	0.9899	0.7445
3	1	0.1260	1.0000	3.0301	1.1457

C0= 1.8900

Apéndice del capítulo 9 - Sección D1c, Continuada (Binomial de periodo largo)

Precio de la Acción	100.000	P	0.501	
Ejecución de opción de compra	100.000	1-P	0.499	C0 = 2.22
1+r	1.000	N	30.000	
1+u	1.010	(1+r) ^ N	1.001	
1+d	0.990			

# de Ascensos = U	N! / (N-U)! U!	P ^U	(1-P)^(N-U)	Opción de compra Final =Max(S-K,0)	Probabilidad * Valor Terminal
0	1	1.0000	0.0000	$0.00	$0.00
1	30	0.5014	0.0000	$0.00	$0.00
2	435	0.2514	0.0000	$0.00	$0.00
3	4,060	0.1260	0.0000	$0.00	$0.00
4	27,405	0.0632	0.0000	$0.00	$0.00
5	142,506	0.0317	0.0000	$0.00	$0.00
6	593,775	0.0159	0.0000	$0.00	$0.00
7	2,035,800	0.0080	0.0000	$0.00	$0.00
8	5,852,925	0.0040	0.0000	$0.00	$0.00
9	14,307,150	0.0020	0.0000	$0.00	$0.00
10	30,045,015	0.0010	0.0000	$0.00	$0.00
11	54,627,300	0.0005	0.0000	$0.00	$0.00
12	86,493,225	0.0003	0.0000	$0.00	$0.00
13	119,759,850	0.0001	0.0000	$0.00	$0.00
14	145,422,675	0.0001	0.0000	$0.00	$0.00
15	155,117,520	0.0000	0.0000	$0.00	$0.00
16	145,422,675	0.0000	0.0001	$1.87	$0.25
17	119,759,850	0.0000	0.0001	$3.93	$0.44
18	86,493,225	0.0000	0.0002	$6.02	$0.49
19	54,627,300	0.0000	0.0005	$8.17	$0.42
20	30,045,015	0.0000	0.0010	$10.35	$0.30
21	14,307,150	0.0000	0.0019	$12.58	$0.17
22	5,852,925	0.0000	0.0038	$14.86	$0.08
23	2,035,800	0.0000	0.0077	$17.18	$0.03
24	593,775	0.0000	0.0154	$19.54	$0.01
25	142,506	0.0000	0.0308	$21.96	$0.00
26	27,405	0.0000	0.0618	$24.42	$0.00
27	4,060	0.0000	0.1240	$26.94	$0.00
28	435	0.0000	0.2486	$29.50	$0.00
29	30	0.0000	0.4986	$32.12	$0.00
30	1	0.0000	1.0000	$34.78	$0.00

Apéndice del capítulo 9 – Sección D2

1, La ecuación Black-Scholes para las opcion de compras europeas sobre Acciones sin dividendos

	Por ejemplo
S(t) = Precio de la Acción hoy	100.0000
T-t= tiempo (en años) desde hoy (t) para el vencimiento de la Opción (T)	1.000000
	0.0100
r = La tasa de interés "sin riesgo" (Libor) durante el período (t-t) Nota: 0.01 = 1%	101.0000
	0.1900
K= Precio de ejercicio	0.095261
vol= volatilidad implícita	0.537946
d1 = (ln(S(t)/K) + (r + 0,5*vol^2) * (T-t))) / (vol * (T-t)^0,5)	-0.094739
	0.462261
N(d1) Note: N(d1) es la probabilidad acumulada bajo la curva normal	
d2=d1 - vol * (T-t)^0.5	
N(d2)	
C(t) = S(t) * N(d1) - K * e^(-r*(T-t)) * N(d2)	7.5708

Funciones Excel relevantes
N (d1) = 0.537946 = DISTR.NORM (d1,0,1, True)
N (d2) = 0.462261 = DISTR.NORM (d2,0,1, True)

Apéndice del capítulo 9 – Sección D2, Continuada

Código básico visual para valoración de opciones (Opcion de compras y luego opción de venta)

```
Función CP(DY, S, K, VOL, R, T)
CP = precio de opcion de compra (USD por acción) / DY = rentabilidad por dividendo (0.01 =
1%)
S = el actual precio de las acciones (100=$100 por acción)
K = precio de ejercicio de la opción (100 = $100 per share)
VOL = Volatilidad implícita (0.19 = 19%)
R = tasa de financiación del valor a partir de hoy hasta el vencimiento de la opción (0.01=1%)
T = tiempo a partir de hoy hasta el vencimiento de la opción en años ( 0.25 = tres meses)
'
Si T = 0 Entonces
CP = Applicacion.Max(0, S - K)
Ir a 100 Terminar Si
EXDY = 2.71828183 ^ (DY * T)
EXR = 2.71828183 ^ (R * T)
D1 = (Applicacion.Ln(S / K) + (R - DY + ((VOL ^ 2) / 2)) * T) / (VOL * T ^ 0.5)
D2 = D1 - (VOL * (T ^ (0,5)))
ND1 = Applicacion.NormDist(D1, 0, 1, Verdad)
ND2 = Applicacion.NormDist(D2, 0, 1, Verdad)
'
CP = (S * ND1 / EXDY) - (K * ND2 / EXR)
100 Terminar Función
```

```
Función PP(DY, S, K, VOL, R, T)
'
Si T = 0 Entonces
PP = Aplicacion.Max(0, K - S)
Ir a 100
Terminar Si
EXDY = 2.71828183 ^ (DY * T)
EXR = 2.71828183 ^ (R * T)
D1 = (Aplicacion.Ln(S / K) + (R - DY + ((VOL ^ 2) / 2)) * T) / (VOL * T ^ 0,5)
D2 = D1 - (VOL * (T ^ (0,5)))
NMD1 = Aplicacion.NormDist(D1 * (-1), 0, 1, Verdad)
NMD2 = Aplicacion.NormDist(D2 * (-1), 0, 1, Verdad)
'
PP = (K * NMD2 / EXR) - (S * NMD1 / EXDY)
100 Terminar Función
```

Ejercicios

Ejercicios para Capitulo 1

1. ¿Si usted fuera un emisor, que preguntas harías antes de recaudar dinero para un nuevo proyecto? Preguntas de proyectos y cuestiones tradicionales de mercado.

2. Como emisor, ¿qué aspectos de los proyectos le hará elegir (por ejemplo) acciones en lugar de bonos?

3. Si usted fuera un emisor, ¿cuál sería el efecto sobre su situación financiera de la recaudación de dinero utilizando los activos tradicionales?

4. ¿Si usted es un inversor individual, compraría activos tradicionales y los pondría en su cuenta de bróker o compraría fondos de inversión?

5. ¿Si usted es una corporación, cómo se invertiría de forma diferente en sus diferentes divisiones - holding, que opera la empresa, etc?

6. Elija bajo, medio y alto riesgo

    a. ¿Cuáles son las diferentes categorías de riesgo que se pueda imaginar (tasa de interés?)
    b. ¿Cómo le aunar esas categorías para obtener una medida del riesgo?
    c. ¿Qué combinación de activos tradicionales elegirías en los diferentes niveles de riesgo de maximizar la rentabilidad?

Ejercicios para el Capítulo 2
   1. **Asumir los siguientes datos - ¿explican diferenciales de interés la cotización de una divisa?**
Plazos de FX (moneda) están expresados en puntos, estos son para sumar o restar a punto para determinar los niveles, Cuando se añaden puntos? Cuando resta?
Sugerencia: Las tarifas necesitan "ayuda" de los niveles de divisas.

	Puntos Oferta	**Puntos** demanda	
1M	1.160	1.560	
2M	2.710	2.830	
3M	4.200	4.800	
	Niveles Oferta	**Niveles** demanda	
Spot	1.3260	1.3260	USD/EUR
1M	1.3261	1.3262	USD/EUR
2M	1.3263	1.3263	USD/EUR
3M	1.3264	1.3265	USD/EUR
1M	0.190%	0.200%	USD Libor
2M	0.230%	0.240%	USD Libor
3M	0.270%	0.270%	USD Libor
1M	0.131%	0.131%	Tasa Euribor
2M	0.182%	0.182%	Tasa Euribor
3M	0.228%	0.228%	Tasa Euribor

La inversión en Euro. Haz todo "hoy"
   1. Empieza nuevamente con $100 USD
   2. convertir al punto para EURO
   3. Invertir en Euribor
   4. Vender a plazo el Euro de vuelta para USD

Por ejemple, el valor de un futuro de un mes es
100 USD / 1.3260 USD/EUR *
(1+0,131%)* 1.3261 USD/EUR

Los resultados de Euro:
100.1398 USD Valor Futuro
100.2597 USD Valor Futuro
100.2597 USD Valor Futuro

Inversiones US Dollar

1M	100.1900	USD Valor Futuro
2M	100.2300	USD Valor Futuro
3M	100.2700	USD Valor Futuro

Los resultados para USD y EURO son cercanos para el mismo vencimiento

Ejercicios para el Capítulo 2, Continuado

2. **Considere los siguientes datos de materias primas para diciembre de 2013 maíz**

Mercado	Tamaño del contrato	Precio (Puntos)	$ por Punto	Valor de Contracto	por fanega
CBOT	5000 fanegas	478	$50	$23,900	$4,78

    a. ¿Cómo se calcula el valor del contrato?

    b. Un agricultor quiere protección para los precios del maíz que caen, él estima que crecerá a 75.000 fanegas y vender en 13 de Diciembre. Ha de ir largo o corto el futuro y cuántos?

    c. Después de que tramita, los futuros suben a 480. ¿Cuánto ha hecho o perdido en la operación?

3. **¿Qué buscar en un candidato LBO ideal?**

4. **Como un capitalista de riesgo, ¿cuál es su plan de negocio para desarrollar la siguiente idea?**

    a. Una nueva aplicación informática que es como "angry birds", pero implica "Frisbys",

    b. Un nuevo tipo de acero,

5. **¿Qué le fondo de cobertura usted administraría, desarrolla material sobre el mercado para su inversor,**

6. **¿Cuáles son los riesgos en los fondos de entrepiso vs fondos de bonos de alto nivel?**

7. **Crea una nota estructurada de un grupo de**

    a. una seguridad "no financiada" como un derivado

    b. una seguridad "financiada" como una hipoteca

    c. ¿Cuáles son los desafíos / diferencias en los dos tipos de notas estructuradas?

Ejercicios para el capítulo 3
1. ¿Cuál es la diferencia entre ir a largo vs ir en corto un Plazo?

2. Explica la diferencia entre la venta de una opción de compra y la compra de una opción de venta sobre la misma acción,

3. Haz una gráfica de ganancia / pérdida en la expiración de una opción de compra vendida a 67.5, Gráfico 60-70 en el eje X, supongamos que la opcion de compra se hace una oferta 1.13 y se ofreció a 1.14, Suponga que el mercado actual para la acción subyacente es 66.37,

4. Haz una gráfica de ganancia / pérdida en la expiración de un puesto de largo se produjo a 67.5 Supongamos que la venta está utilizando el mismo material que el anterior, Gráfico 60-70 en el eje X, suponga que el puesto se hace una oferta de 2.25 y ofreció a 2.27, Suponga que el mercado actual de la acción subyacente es 66.37,

5. ¿Cuál es el valor intrínseco y el valor de tiempo de las dos posiciones anteriores?

6. ¿Cuál es la diferencia entre las opciones americanas y europeas?

7. ¿Qué pruebas usted llevaría a cabo para ver si existen errores en valuación de las siguientes futuros?
   a. Futuro de acción del S&P 500
   b. Futuro de maíz
   c. Oro
   d. Futuro de EuroDolar

8. Suponga los siguientes datos
   a. ¿Cuál es el precio justo de mercado a plazo probable?
   Por lo tanto, precio a punto + financiación - cupón = $89,845
   Cheque - compra y venta de bonos hacia adelante

-	
$92,000	Pagado para comprar bono
-$0,345	Pagado para financiar bono ($92 * ,015/4)
	Precio de bono vendido a través de venta a
$89,845	plazo
$2,500	Los intereses devengados se ganaron a la venta
$0,000	Suma

b. **¿Debería usted entrar en un plazo o financiar a sí mismo?**

Suponga que la autofinanciación no afecta significativamente el balance,

Compra de bonos por parte de autofinanciación y venta de plazo en el mercado

-$92,000	Pagado para comprar bono
-$0,403	Pagado para financiar bono
$89,845	Precio de bono vendido a través de venta a plazo
$2,500	Los intereses devengados se ganaron a la venta
-$0,058	Suma

Nota - la pérdida debido a una mayor tasa de financiación

$0,345	supuesto precio de mercado
-$0,403	Costo de compañía
-$0,058	Suma

9. Si la empresa es optimista sobre el bono, ¿qué deben hacer?

10. ¿Cuál debe ser la diferencia en una prima de la opcion de compra y opción de la venta de tres meses al precio de plazo? ¿Lo que es equivalente a esa posición?

11. ¿Cuáles son algunas otras maneras de generar los mismos patrones de recompensa al vencimiento?
    a. Ir a largo en un plazo e ir a largo en una opción de venta golpeada en el plazo.
    b. Ir a largo en un plazo y vender una opción de compra en el plazo.
    c. Ir a largo en una opción de venta y vender una opción de compra, ambos en el plazo.
    d. Ir a largo en un plazo, vender una opción de venta y comprar una opción de compra, ambos en el plazo,
    e. Ir a largo en una opción de compra y vender una opción de venta, ambos 10 puntos OTM del precio a punto.

Ejercicios para el Capítulo 4
1. Describe los pasos básicos de ejecución en la bolsa.

2. Describe el riesgo de crédito que miembros de la bolsa toman cuando comercian en nombre de sus clientes, ¿Cómo es que miembros de la bolsa reducen dicho riesgo de crédito?

3. ¿Cuáles son los aspectos positivos y negativos de las bolsas cambiaren para la ejecución electrónica?

4. ¿Cuáles son los aspectos positivos y negativos de ejecución de bolsa y el actual modelo de OTC "bilateral"?

5. Busca Dodd-Frank en Google, ¿La creación de un mercado OTC que tiene distribuidores "demasiado grandes para romperse? ¿Cree que se resuelven los problemas de 2008?

6. Construya su propio sistema de ejecución que sea justo, transparente y económico.

7. ¿Cuál es la diferencia entre la cobertura, especulación y el arbitraje?

8. Compara plazos OTC y futuros negociados en bolsa y anota al menos cuatro diferencias.

9. En el contrato de futuro de maíz en el "Chicago Board of Trade", los siguientes meses de entrega están disponibles; Marzo, mayo, julio, septiembre y diciembre.
Indica el contrato que debe ser utilizado con fines de cobertura cuando la expiración de la cobertura (o fecha prevista) es a) Abril, b) Julio, c) Enero

10. ¿Una cobertura perfecta garantiza el precio al punto o el precio de plazo o ninguno?

Ejercicios para el Capítulo 5

1. **¿Qué posición de futuros es parecida al siguiente comercio?**
   a. Repo
   b. Inverso
   c. Préstamo

2. **Suponga que usted era un tesorero de la empresa, se emite deuda a tasa fija.**
¿Cuál comercio haría para protegerse contra el aumento de las tasas y los costos crecientes de deuda, ya que debe pagar un cupón más alto para la misma cantidad de fondos procedentes de la emisión?

3. **Supongamos que usted está comprando otra empresa, ¿Cuáles son sus riesgos?**
   ¿Cómo cubriría esos riesgos?

4. **¿Cuáles son los riesgos asociados con el préstamo de valores?**
Diseña un programa de préstamos para protegerse contra esos riesgos.

5. **¿Qué sugiere sobre Libor la existencia de Swaps?**
¿Hay tan sólo 3 meses LIBOR o tiene diferentes plazos de vencimiento? Si Libor tiene vencimientos variables, ¿Cómo se relacionan a 3 meses LIBOR?

6. **Cada una de las siguientes situaciones le paga si las tasas bajan, ¿Cuáles son los riesgos característicos de cada uno?**
   a. Repo
   b. Largo en un contracto futuro
   c. Recibe inicio a spot fijo
   d. Recibe plazo con inicio fijo al spot
   e. Prestar un valor e invertir en otro valor con vencimiento más largo que el efectivo recibido del préstamo

7. **Efectivo más un futuro es un bono, ¿Por qué? ¿Cuál es el vencimiento de la inversión en efectivo para hacer que sea verdad?**

8. **Si efectivo más un futuro es un bono, ¿cómo es que eso se relaciona a una Repo?**

Ejercicios para el Capítulo 6

1. ¿En qué condiciones le gustaría comprar protección por impago? ¿En qué condiciones le gustaría vender protección? En lugar de comprar protección, ¿cuándo vendería el valor?

2. ¿De qué manera es la venta de protección, como el préstamo de valores?

3. ¿De qué manera es la venta de la protección de un bono corporativo y la compra de un tesoro similar a comprar un bono corporativo? ¿En qué se diferencian?

4. Suponga que los compradores (de protección) piensan que la posibilidad de impago está más lejos en el tiempo que los vendedores, suponiendo que la fijación de precios de equilibrio, de qué manera afecta esto a la ecuación solo período de precios?

5. Usted puede comprar protección de "plazo", es decir, el período comienza en el futuro y termina en el futuro,

   Suponga que cuatro primas anuales son de $3 por $100, Si las primas de un año son de $1, ¿cuál es el plazo justo al año por los tres años descuidando los valores actuales?

6. ¿Cuando usted podría comprar una opción de compra o venta de protección?

Ejercicios para el Capítulo 7

1. Haga una lista de algunos motivo por los cual futuros de acciones sólo duran por un período corto,

2. ¿Por qué futuros/plazos aumentan de precio a medida que aumenta el tiempo?

3. Nombra algunos motivos por qué parte de la literatura académica es la relacionada a precios de acciones mientras corporaciones compran principalmente bonos.

4. ¿Qué es diferente acerca de valuación de futuros de productos básicos?

Ejercicios para el Capítulo 8

1. Papel estructurado requiere un equipo para emitirlo, ¿Cuál cree usted que son las funciones de los siguientes jugadores suponiendo que el emisor está trayendo un acuerdo OCM en el mercado?
    a. originador de hipotecas
    b. Bróker
    c. Agencia de calificación
    d. Fideicomisario
    e. Abogado de valores
    f. Inversor

2. La curva de rendimiento normal es de pendiente positiva - los rendimientos suben a medida que aumentan los vencimientos.
¿Cómo ayuda esto a explicar cómo el papel estructurado en un tramo es económico para producir?

3. Compare y contraste inversión en fondos de inversión y la inversión en el papel estructurado

4. ¿Cómo se reduce el riesgo en el papel estructurado?

5. ¿Cuáles son las ventajas y desventajas de prorrata vs cascada?

6. Si se va la agencia de calificación, ¿lo que haría con que usted califique a un tramo altamente?

7. ¿Siendo un inversor comprando papel en tramos, qué buscarías?

Ejercicios para el Capítulo 9

1. ¿Por qué los flujos de efectivo futuros valen menos hoy que el importe del mismo flujo de caja?
¿En qué condiciones se valer más?

2. Supongamos que usted cree que las tasas bajarán mañana y permaneceran abajo, ¿Debe calcular el valor presente utilizando la tasa del día de hoy o la tasa más baja de la mañana?

3. ¿Por qué las acciones no tienen estructura temporal?

4. ¿Cuál es la relación entre los factores de descuento y los tasa de plazos? Pruébalo.

5. Describe las dos propiedades básicas de la duración de Macaulay, ¿cuáles son las limitaciones del uso de estos conceptos en el "mundo real"?

6. ¿Por qué la duración no se utiliza como una medida del riesgo de acciones?

7. ¿Cuál es la diferencia entre la desviación estándar y beta como medidas de riesgo?

8. ¿Pueden bonos tener betas?

9. Define una seguridad y calcula todas las medidas de retorno.

10. Definir las medidas de "abajo hacia arriba" de rendimiento "de arriba hacia abajo" y, ¿Cómo se calculan las dos medidas?

11. ¿Cuál es la esencia del argumento de arbitraje en la valoración de opciones?

12. ¿Cuáles son las seis variables fundamentales en la valoración de opciones?
    a. ¿Cuales cuatro definen esencialmente el precio de un plazo?
    b. ¿Cuales dos son exclusivos de la valoración de opciones?

13. Defina los pasos básicos en el abordaje binomial para la valoración de opciones.

14. ¿Qué deben ser los promedios de los precios en cualquier punto en el tiempo a través de escenarios para evitar arbitraje cuando se utiliza el método binomial?

15. ¿Cuáles son los factores de un bono que reduciría la convexidad?

16. Un inversor tiene $ 100,000 para invertir.
Cómo esto crecerá en un año en un 10% utilizando:

   a) composición anual
   b) composición mensual
   c) composición semestral
   d) composición por cuarto de año
   e) composición continuada

17. ¿Por qué son diferentes las respuestas en la pregunta anterior?

Ejercicios para el Capítulo 10
Uno, ejemplos de oportunidades de tasas de interés
1. **Usted es un tesorero de una empresa.**
    a. ¿Cuáles son sus consideraciones en cuanto a qué deuda va a emitir en el futuro? (5y, 10y, fijo, etc.)

    b. ¿Cómo va a cubrir la deuda?

    c. Calcular una proporción de cobertura.

    d. Calcula el "costo" de la cobertura.

    e. ¿Por qué costo está entre comillas arriba?

2. **La mayoría de los derivados se pueden asignar, ¿Qué es eso? ¿Por qué es valioso?**

3. **Usted es un banquero hipotecario.**

    a. ¿Cuál es el problema que enfrenta un banquero hipotecario?

    b. ¿Cómo es eso diferente de un tesorero de una empresa?

    c. ¿Cuál es la naturaleza general de la mejor cobertura?

    d. Como regulador, ¿que haría si usted viera un banquero hipotecario sólo vendiendo opcion de compras?

4. **Usted trabaja en un banco comercial, imagine que el negocio básico es conseguir dinero mediante la emisión de CDs y ganar dinero mediante préstamos.**
    a. ¿En qué circunstancias cubriría la emisión de CD?

    b. Si es así, ¿cómo haría? y describe los riesgos.

    c. ¿Usted controlaría los préstamos a través de cobertura también?

Dos, ejemplos de oportunidades de crédito,

1. **¿Cuáles son las similitudes y diferencias de la compra de un bono corporativo y la venta de protección mediante un derivado de crédito?**

2. **La misma pregunta, pero añade un bono al derivado de crédito.**

Similitudes y diferencias con respecto a un bono corporativo "normal".

Tres, ejemplos de oportunidades de equidad.

1. **¿Cómo son las opciones sobre acciones para empleados diferentes de las opciones sobre acciones regulares?**

2. **¿Qué diferencias causaría en un Monte Carlo de los dos?**

3. **Usted es un gestor activista de capital privado.**

   a. ¿Cómo va a conseguir fondos - qué vehículo?
   b. ¿Cómo va a utilizar esos fondos y ser "activa"?
   c. ¿Qué es un voto por poder y cómo afecta a su activismo?

Cuatro, ejemplos de oportunidades en productos básicos.

1. **¿Qué mercados de productos básicos podrían ser manipulados más fácilmente?**
2. **Como regulador, ¿cómo desalentarlo?**

Cinco, ejemplos de oportunidades en monedas.

1. **¿Qué haría usted si se quisiera manipular una moneda?**

2. **Como regulador, ¿cómo puede desalentarlo?**

Seis, ejemplos de oportunidades en bienes raíces.

1. **Suponga que su fuente de fondos son individuos privados, ¿cómo difieren sus inversiones en bienes raíces, en comparación con una fuente proviniendo de fondo mutual de inversión?**
Habría diferencias en lo que se compra - préstamos enteros vs valores, cómo está apalancado, etc.

2. **¿Cómo se imagina que son las diferencias entre los REITs, fondos de inversión, fondos de cobertura que invierten en bienes raíces?**

3. **¿Qué hizo AIG en hipotecas de alto riesgo? ¿Por qué eligieron invertir en derivados de crédito?**

Sobre los autores:

Howard Lodge recibió su doctorado de la Universidad de Indiana en Bloomington, IN. Empezó como un académico, haciendo modelación neural de los nervios del ojo, fue a Wall Street en Nueva York (principalmente Morgan Stanley) y realizó el modelado matemático de derivados durante 18 años, fue también la cabeza de derivados con varias empresas de Fortune 500.

Joseph F, Rinaldi, III recibió su MBA de Pace University, Nueva York. Comenzó su carrera como comerciante de hipoteca y especialista de cobertura. Durante la década de 1990, él negoció más de $ 35 mil millones de activos (principalmente derivados) para el RTC / FDIC, Luego fundó una empresa de gestión de dinero y RIA. Además, enseña "Futuros, Opciones y derivados" en el Robert H, Smith School of Business de la Universidad de Maryland y la Stern School of Business de la Universidad de Nueva York, para alumnos tanto de posgrado como pregrado.

This page is intentionally left blank.

English Version

A Textbook for Alternative Assets

By Howard Lodge, PhD and Joseph F. Rinaldi, III

This book is intended to show how assets other than stocks, bonds and "cash" are created and valued. It combines funded (you pay money at the beginning) and unfunded (you pay little money at the beginning – "derivative") assets into one conceptual framework.

A Beginning Guide to Alternative Assets There's Hills in them thar Gold!

A Textbook for Alternative Assets

Nonfiction/Textbook/Alternative Assets/Derivatives

Third Edition, February, 2017)

ISBN-13: 9781543173666

ISBN-10: 1543173667

Acknowledgements: The Authors would like to thank Steven Nunez and his assistants for their efforts in the editing and translation of this book. Their names are:

Joao Coelho (University of Maryland), Isabella Echeverry (American University), Lorena Gonzalez (University of Maryland), Marcelo Gustavo Arteaga Mata (GWU), Yaite Laura Batista (GWU)

Contents

Chapter 1. An Overview of Traditional Assets – Stocks, Bonds, Cash.

1A. Who issues (creates) traditional assets?

All assets are initially issued by some legal entity and are meant to get money today for promise of future returns that are attractive to the buyer. The assets are in the form of public, 144A and private.

Public issuance means they are securities subject to SEC regulation. Two examples are stocks and corporate bonds. Private issuance occurs in stocks but mainly it occurs in notes and bonds. The issuer does not advertise the issuance to everyone, but only a select few (that must be accredited investors or institutional clients). Securities that are 144A are private securities that may be registered in the future and become public.

The primary market is the market created at issuance. The secondary market is securities traded after issuance. Thus, a trade is secondary if the original buyer sells the security to someone else.

A secondary market in stocks exists as long as the company is functional. In bonds, a secondary market exists until the note or bond matures or default occurs.

1B. What are the classes of traditional assets?

1B1. Stocks

In a public company, stocks represent company ownership. One typically buys the stock on an exchange and a book entry is created in a brokerage account. The stock is registered in "street" name. The broker is the legal owner. Rarely is a physical certificate created and sent to you as in the past.

Since the stock is in your account, you receive all cash flows. Dividends are paid quarterly, but are an uncertain amount. They depend on the company earnings and are a decision of company management. You are mainly looking to make money on price appreciation.

To buy the stock, you pay price only. All future (uncertain) dividends are valued in the price.

Most stock pricing models arrive at price by discounting some future flow from the company. This flow could be earnings, free cash flow, etc. In this regard, stocks are priced similarly to bonds. The question becomes: "what is the appropriate discount rate"? Logically, it should be a rate reflecting the risk of the stock itself. What spread to treasuries is that risky rate?

An example of an alternative pricing approach is comparing stock price divided by the company earnings (the P/E ratio). The measure of earnings is usually before debt interest, taxes, depreciation and amortization are subtracted (EBITDA). A high ratio means the stock in question is expensive relative to other "similar" stocks.

1B2. Notes and Bonds

Notes and Bonds are debt obligations of some company with coupons (interest) and principal ("par"). Typically, notes are maturities from one year to 15 years and bonds mature beyond that. Bills are one year and under.

An example would be a 5 year note. Suppose the price for the note was $100 and the coupon was 5% per year. This is a "par" note – the price of the note is $100 and in 5 years you get your principal/par back of $100 assuming no default. You would get 9 semi-annual coupons of approximately $2.50 per $100 par. The last payment would be the tenth $2.50 coupon + $100 (the coupon plus the principal or "par" amount).

Some semi-annual notes actually pay coupons that may not be exactly $2.50. This is because of the calendar days in a six month period not being equal. Remember, there are 365 days in a non-leap year. Some notes pay exactly $2.50. This is because they assume 30 days per month. Thus, the exact coupon payment depends on the "day count" convention.

A note that is not a par note might cost $80 (or $120). The return now would not just come from the coupons but from the fact that you get par in 5 years ($100), but that is not what you paid for it in the beginning.

One pays price plus accrued interest to buy notes or bonds. The seller gets the coupon interest from the last coupon payment to the day the trade settles or "clears". Call this time period (1 to 2). The buyer will get the full next coupon (1 to 3) but is only entitled to that piece from settlement (2 to 3). Thus, the seller is paid their due interest (1 to 2) on the day of settlement. Although the buyer gets the full next coupon, they only net (2 to 3) since they paid (1 to 2) on settlement.

The clever reader may wonder if the seller is getting the better deal. They get the fractional coupon early from the buyer. The buyer has to wait to get the coupon on the next half year cycle. The answer is that any timing effects are in the price. That is, the worth of the note (price plus accrued) is the present value of all cash flows. If the present value of the accrued interest is too high because it is paid early, the price of the bond will be less because the sum of the two is what is paid and that is what the future cash flow stream is worth.

1B3. Cash or Bills

Bills may or may not have coupons. Treasury bills usually trade at a discount to par with no coupon. Bills are considered "cash" since the maturity is so short.

1C. Who buys these traditional assets?

1C1. Individuals

Individuals typically have these assets in broker accounts. They try to decide what category (stocks, bonds or cash) to overweight and then pick individual examples of the category. The goal of most individuals is to maximize pretax total return. That is, make the account bigger regardless of whether the money comes from interest (coupon or dividends) or price appreciation (increase in stock or bond price). The individual typically worries about taxation of these different sources of money later.

1C2. Mutual funds

Pooling many individuals' assets *should* allow for efficiency since the pooling might allow investments the individual could not make by themselves.

One reason for the word *should* being emphasized is that trading costs are spread out over the investors in the mutual fund. The mutual fund investors go in and out of the fund at one number - the net asset value or NAV. The fund manager goes in and out of the underlying securities paying bid-offer spreads. Thus, one investor trading in and out frequently generates costs another investor must absorb if they are "buy and hold".

Ask about active trading penalties before you invest! Avoid funds with securities that have big bid-offer spreads!

Mutual funds are one step up from individual investing in complexity. Mutual funds emphasize pretax total return. Aside from the traditional mutual fund varieties, exchange traded funds exist that minimize expenses. An example is "spiders". They allow one to trade the S&P 500 without buying the individual stocks. One can simply buy a stock that is backed by the 500 individual stocks in a trust.

1C3. Corporations

In corporations, (1) operating units sell a product or service and that allows an asset purchase. Money from the asset purchase offsets the liability. The company earns the spread. The accumulation of the spread over time hopefully creates a (2) surplus. A (3) holding company is formed since the growing business needs management. Employees usually get (4) a pension that is managed with money segregated from the company operating money to protect the retirement of the employees. The method of investment in corporations depends on the source of the funds. That is, these four "pots" of money usually have different investment "goals". For example, the (1) operating units usually buy bonds and hold them. This is because they want a constant asset return. They usually don't want the fluctuation stocks would add. Pension investing (4) usually mixes stocks and bonds since they want to maximize long term return and can afford the stock fluctuation since it is assumed to balance out over time.

1C3a. Operating unit investment

It is interesting to note that corporate America typically invests in bond assets in their operating units. Among the many reasons is that they want a steady and defined stream of cash against the liability so that they can price their product. Stocks don't drive corporate America as they do for individuals or mutual funds.

In addition, corporations think after tax. Since one simple way to reduce taxes is to defer them, they trade as little as necessary. Since taxes are assessed at sale, "Corporate America" does not "whip and drive" their trading. It is not due to being lazy but really due to tax deferral!

Another reason bonds are used in operating units is that corporations are forced to reserve against risks in their business. The return the operating unit earns (asset minus liability spread) divided by amount reserved is one measure of a successful investment. It is called return on equity (ROE). Bonds require much less reserves than stocks so using bonds as the asset produces a much higher ROE than the same spread produced by stocks (as the asset).

1C3b. Surplus

Surplus is theoretically the cash "kitty" to protect against the unforeseen. In reality, it typically is a blend of stocks, bonds and cash. The stocks are in there because the investment horizon is unknown. That is, since bonds and cash have fixed maturities and stocks don't, the mixture allows to hopefully earn the higher stock returns and surprises are taken care of with the bonds and cash.

1C3c. Pension

Similar to surplus, Pension liabilities are covered by a mixture of stocks, bonds and cash. However, this is slightly different from surplus because special tax rules and investment guidelines apply that make this a more specialized form of investing.

1C3d. Holding company investment

Usually, few assets are owned at this legal entity. Those that are usually occur because this unit can function as a shock absorber. That is, it is the "emergency" ward in the company. If an operating company has a bad asset, the holding company can backstop the operating company with an additional investment to support the liability. This way, the company products are less subject to changes in simply the investment side of the business.

1D. How do people manage traditional assets?

The matrix of technical and fundamental, top down and bottom up, captures many styles. Technical and fundamental data allow us to pick top down (sectors) or bottom up (individual stocks). These sector or stock choices are refined by many additional techniques. Choices might ultimately have associated risk and return judgments.

1D1. The Style Matrix

Technical means the manager looks at past data and tries to deduce a trend that will occur in the future. For example, some stock has hit a top in price over the last three days. It is "capped" there unless it "penetrates" the top and then it is in "breakout".

Fundamental means the manager looks at the financials of the company to determine worth. This usually means they try to deduce future cash flow (usually from earnings) and see if it is greater than other similar companies.

Top down means one tries to pick stock categories rather than individual stocks. Will the consumer goods sector perform better than the financial sector, etc.?

Bottom up means the opposite. One concentrates on individual stock factors and might buy a "good" stock in a mediocre "sector".

1D2. Risk and return

Do you want 5% almost every month or something that averages 6% but some months is 0% and some 12%? Return and risk are constantly being traded off.

The tradeoff typically depends on the cushion one has. If you can afford to take more risk, you typically will take more except for other factors (such as being close to retirement).

More about this later. Suffice it to say that most financial approaches lead to risk / return judgments and they are summarized systematically.

Chapter 2. An Overview of Alternative Assets.

There is a continuum of non-traditional assets ranging from more to less traditional. They can be funded or unfunded. This means you must have your own money to invest (a funded investment) or not (an unfunded investment). If you invest money in a fund of these, your investment is funded but the fund manager may do some of the investments in derivative form, thus leveraging your funded investment by the unfunded derivative.

The Appendix presents the two Alternative Matrices – funded and unfunded.

2A. The Funded Matrix

The funded matrix is further divided into unstructured and structured (columns) and Value Drivers (rows). The Value Driver is the major factor driving price.

2A1. Funded and Unstructured

2A1a. Hedge Funds

Hedge funds exist across all value drivers. The commonality is that they try to hedge-get the best return with controlled risk. Also, most hedge funds invest in tradable assets, not private ones that don't trade. Hedge fund investors "do a trade"; private equity investors "do a deal".

More completely, even primarily equity hedge funds differ from private equity in that (1) they are hedged, (2) they are liquid and marked to market, (3) they typically don't try for control (manage the company), (4) they are typically LLC's and not partnerships. In an LLC, any liability the company generates does not flow through to the individuals who formed the company. It flows through to the company. In a partnership, there are limited partners (LP's) and general partners (GP's). The "shock absorber" in a partnership is supposedly the GP's. They "cushion" the LP's investment.

There are several classic strategies in hedge funds (with both equity and other value drivers).

Equity Long / Short

This is the earliest hedge fund strategy. You buy a cheap stock and sell short a rich one. Selling short means you sell something you don't own. You borrow the stock, sell it immediately and then buy it back in the future. If the future price is below the original price, you make money. So, you want the long stock to go up and the short one to go up less (or maybe even go down!).A second way this strategy makes money is to be net long as the market moves up and net short as the market moves down. That is, getting market direction right and not being neutral to market movement because one is net long or net short.

Equity Market Neutral

Clearly, like Equity Long/Short, but the strategy tries to be indifferent to general market movement. You make money only by correctly picking rich stocks to short and cheap stocks to buy.

Convertible Arbitrage

This strategy is popular in countries that don't have developed traditional equity or debt markets. An issuer issues a bond with an equity "sweetener". That is, the issuance is like a bond (has a coupon and final principal) but allows you to convert to equity if stock prices go up. You typically can buy converts cheaply and hedge the equity and bond components and pick up yield. Thus the trade has three parts – own convertible bond, apply bond credit and interest rate hedge and equity upside (call) hedge.

Fixed Income Arbitrage

This strategy is similar to equity long / short but in bonds. You might find two bonds equally valued but one is cheaper to borrow than another. You borrow and buy the cheaper one and short the more expensive one.

Short

The manager is always "short the market". This can be in equities, bonds, currency, etc. Trading from the short side of the market is very different than the long side. Adding to the above information on shorting, in this trade you borrow the security and sell it today. During the trade, you pay the coupons (bonds) or dividends (stocks) to the person you borrowed from. They (or the broker who arranged the trade) keep the cash from the trade as security for you replacing the security at the end of the trade. They pay you interest on this cash. Thus, there is a net flow – you get interest on the cash and you pay the coupon/dividend.

Finally, you unwind the trade by buying the security from someone else with the cash and the trade ends. You make money if the price you buy it back is lower than the initial sold price.

The risk is you may not be able to get the security to unwind the trade. It may be a small issue, an issue in demand, etc. Thus, this is a very technical trade. You don't own the security and it may be difficult to buy back to cover the short when you want to. Thus, you must short securities you can get back! If not, be prepared to watch the price of the security move in the market and you can't do anything about it! You are in a "short squeeze".

Emerging Markets

These strategies usually are currency or bond strategies. You are typically long and rarely are these strategies hedged. One is simply long emerging market country securities hoping they will prosper.

Event

One can trade financial events. These events can range from anticipating corporate takeovers to trading after an event has happened. An example of anticipating corporate takeovers would be to buy the stock of the company you think will benefit. Since companies typically overpay for acquisitions (giving birth to the "good will asset"), one buys the company being acquired and shorts the company doing the acquiring.

Buying stressed ($40 per $100 par) or distressed ($20 per $100 par) debt is an example of a trade after a company goes through an event. In this case, the event is that the company credit has been downgraded but one thinks the company will be stronger in the future.

A perfect example of this is buying debt obligations of Ford and GMAC during the financial crisis. Both issues traded at an extreme discount to par and offered an investor exceptional total returns.

Macro

In the 1990's, Macro was a major hedge fund approach. Sell short a currency in size and make money because you sell short so much of it. Create value by driving the market.

The strategy can be either systematic or not. Systematic macro strategies use computers to make investment decisions. Non-systematic approaches use other strategies such as fundamental economic views to make decisions. Securities used in a trade are typically government bonds, stocks, currency etc. In summary, economic opinions about countries generate trades in currency or government securities of the countries and the trade is done in size.

Managed Futures

These are technical trades generated by computers that attempt to take out momentary anomalies in stocks, bonds and other liquid futures. There are a great number of trades each day and each trade is done in a very short period of time – the trade is both spotted by the computer and executed by computer. It typically lasts for a short period of time.

Multi-Strategy

Here one combines some of the above strategies for a more diversified fund. It differs from fund of fund strategies in that the different strategies are done by the same manager. In fund of funds, a manager picks fund managers that do the different strategies.

2A1b. Private Equity

A second example of unstructured funded alternatives is private equity. Here there is a main value driver – equity. There are generally two businesses here – LBO and venture.

Leveraged buyout (LBO)

This is the land of suspenders with dollar signs!

The classic private equity deal starts by observing a (say) private company you think will do better except for some problem you think you can fix. That problem is usually management. You think either you or someone else can do a better job.

You get a controlling interest in the company by either buying lots of stock or bonds the company has issued. You get the money to do this by borrowing (hence the leverage part). You get voting (or not) membership on the board and you become an active board member. You make the change and take the company public in an initial public offering (IPO).

You make money two ways. First, if the company makes (say) 10% profit but it only costs 5% to borrow the money to buy the company, you make money on the spread until you sell the company. That is called making "carry". Second, you sell the company (public or private) for more than you borrowed to buy it.

The net result is the company has more debt in an LBO but it is a better company.

Venture capital

This is the land of dungarees and Silicon Valley.

Venture is providing capital for a new idea. An inventor has a new idea and needs capital to develop the idea. The problem is there are few new good ideas!

Recently a large percentage of capital earmarked for Venture has been directed to the Biotech and Internet areas.

2A1c. Mezzanine Funds

A common debt structure to alternative projects is senior, mezzanine, equity. Different people lend money taking different risks.

The senior debt lender is typically a bank. They take the least risk. If default occurs, they are the first to get "recovery" money.

The mezzanine lender is next. They give money and get either subordinated debt or preferred equity in the project. In a bankruptcy, subordinated debt gets their money after the senior lender but before equity. Preferred equity has a coupon (like a bond) but has some equity feature (like some upside). Mezzanine securities are put in a fund and investors can buy into the fund.

The equity lender is last. They usually get common stock but sometimes debt again with "features". They are equity since their securities are gone first in a bankruptcy, not because they must necessarily own stock.

2A1d. Infrastructure Funds

These are funds that make money because of the money spent in energy transportation such as pipelines, rails, highways, etc. For example, they might get a piece of tolls charged on a highway.

2A2. Funded and Structured

There are two steps in creating a funded structured alternative asset. First, the issuer buys assets and puts them in a pool. Second, they create rules that direct the cash flows of that pool to notes investors can buy. These notes are the structured alternative assets as far as an investor is concerned.

The entire structure is put in a trust. The pool is the assets of the trust. The notes are the liabilities of the trust. An investor buys the notes thus repaying the issuer who had to buy the original assets to put in the pool.

There can be one note or a series of notes. If there is a series of notes, they are called tranches (which is French for slice). The pool cash flows are sliced by the rules defining how cash is paid from the pool to the notes.

An example that has only one note is a Brady bond. In the 80's, many US banks had made loans to Latin America that appeared might default. The Brady structure (named after Nicholas Brady, Treasurer of the US at that time) mixed these loans with US treasury zeros and issued the mixture as a single note/bond. For example, suppose a ten year zero costs $60 per $100 par, one could spend $40 and buy some loans. If you paid $100 for this mixture, you might get your interest (due to the loans performing) but you should get your principal ($100) back when the US treasury zero matured in 10 years.

An example of a multiple note issuance is a commercial mortgage backed security (CMBS). A developer of a shopping mall is lent money and the developer plans to pay the loan back by building a shopping mall, leasing the space and using some part of the lease payments to pay off the loan.

These loans are put in a trust. This is simply an account of a legal entity that promises how it will pay due to a trust indenture. The principal and interest of the loans in the trust are paid to investors in the trust. The investors buy tranches (or slices) of the cash flow of the pool. These are usually notes with coupons and principal payments.

A typical CMBS trust indenture has separate rules for the principal and interest cash flows. The "top" tranche has some fixed principal (say) 70% of the pool's principal. It gets repaid before the "lower" tranches – "mezzanine" and "equity" notes. All notes get their share of interest. Defaults of mortgages reduce the pool and the lowest tranche par. Prepayments reduce the par of the highest tranche. This is an example of a typical "waterfall" set of payment rules.

Other assets structured like this include CMO's (Collateralized Mortgage Obligations-the residential parallel to CMBS), CDO's (Collateralized Debt Obligations – using corporate bonds or credit derivatives), CLO's (Collateralized Loan Obligations), etc.

It is important to note these structures are sold discussing the averages in the pool. Many of the pools were "bar-belled". Many bad loans mixed with good ones. The averages look fine but you face the worst. Don't be fooled!

2B. Unfunded

Derivatives are alternative assets but are treated separately because they are transactions that cost no money today (are unfunded), derive their value from some other asset and set a price today requiring you to deliver the asset in the future (or a forward) or giving you the option to deliver at a price set today (an option).

Derivatives are possible on any underlying asset. The major ones are Interest rates, Credit, Equity prices, Commodity (soft – wheat, hard - gold) and Currency.

Thus, it might be useful to think of derivatives as having the same value drivers as funded but having additional columns – OTC forward and options and Exchange futures and options. In addition, some of the assets in those cells can be structured assets as well as the usual non-structured assets.

It should be noted that forwards and futures usually reference a time period that starts today and ends in the future. However, some forwards and futures are deferred – they reference a time that starts in the future and ends at some further time in the future.

An example of an OTC deferred forward is a swap that starts in 2 years and ends in 3 years. An example of an Exchange deferred future is a 3 month Eurodollar future that starts in 1 year and ends in 1 year 3 months from today.

Note that the concept of deferment is different than observing that there are (say) March, June, September and December futures all offered "today". These futures all start today and end at different times in the future which is different than futures that START at different times than today.

See the Appendix and the Summary below.

2C. Summary of Chapter 2

Much is made of alternative assets being not correlated to traditional assets. Usually this argument is flawed because the comparison is to a single traditional asset (say, stocks) and a hedge fund (which has stocks, bonds, hedges, etc. in it). A better comparison to a hedge fund is a balanced fund or cash! The hedge fund is supposed to be hedged!

Thus, it is tempting to group alternative assets into traditional buckets since there are definitely similarities.

Traditional (public) equity is clearly a candidate to be compared to private equity. Private equity should beat public equity because it is less liquid and one has increased the leverage of the company (you borrowed and bought the company). Private equity also has tax advantages to public equity - more about that later.

Traditional bonds might be compared to structured notes. Structured notes should beat more traditional bonds because they are less liquid and they have severity risk.

Severity risk occurs since you buy tranches and can be wiped out quickly if you are wrong in your assumptions. For example, say you buy a tranche that has 10 % below you (you are in a structure with an equity tranche of 10% and you own the tranche above it). The good news is that you can have 10% of the pool default with zero recovery and you will not have lost. However, if your tranche is the next 10% and if 20% of the pool is a loss, you will have lost all your money. The traditional investment in the pool will have only lost 20% of their money.

The traditional cash investment should be compared to hedge funds. That is, hedge funds are liquid and theoretically hedged, thus have less risk than the other "outright long" alternatives.

All these securities should be thought of as defined by two matrices – funded and unfunded.

The funded examples require cash at settlement. The rows are the primary value drivers and the columns are whether the security is structured or not.

The unfunded examples are derivatives. Again, the rows are primary value drivers. The columns are OTC forwards and options and Exchange futures and options.

See the Appendix for a summary of these two alternative matrices – Funded and Unfunded.

Chapter 3. Forwards and Options – Detail about the Columns of the Unfunded Security Matrix.

3A. OTC Forwards and Exchange futures.

Forwards are agreements to buy something in the future and pay for it in the future for an agreed price today. Thus, we have a buyer and a seller but instead of buying and selling today, we set a price today and exchange money and securities in the future. Note that since the money is exchanged in the future, the future seller has no money to buy the security today. What is a fair price for each person?

We might be tempted to treat the problem as we treat risk reduction in portfolios of traditional assets. That is, the future seller commits to a price today they think most likely in the future but doesn't buy the asset today (since they have no money). Take risk but diversify the risk by having a portfolio of these forwards at different prices.

This market would be cumbersome. Each trade would take forever and since pricing is based on an expectation, the two people would probably never agree.

What we need is a hedge. This is a way to fix the price of the asset in the future but have that process cost nothing today. One solution is to borrow and buy the asset today. If we do that, we fix our cost today and don't care about what the market does in the future. We borrow money, buy the asset, and earn any interim cash flows from the asset. At maturity, we sell the asset to the buyer and pay back the borrowed principal as well as the interest on the principal.

For example, assume an asset costs $100 today. Assume it is a note with a 5% annual coupon and your annual borrowing costs are 3%. The fair one year forward price is $98 in one year.

To see this, consider the end of one year. The seller delivers the security to the buyer. The buyer gives $98. The seller adds the interim cash payments of $5 for a total of $103. The seller pays back the principal ($100) and interest ($3) and the money is fair. Of course, the seller charged some money for the transaction – the bid / offer spread! That is, they put in some "vig" in the forward so that maybe the forward was $98.10. Thus, $.10 was left over for them.

We see the seller is whole. That is, $98 + $5 = $100 + $3 or dollars received = Principal borrowed plus interest paid. Of course, being good finance people, since these cash flows occur at different times, it is really the present value of these cash flows that must be equal.

Is the buyer whole? That depends whether the buyer is a hedger or speculator. A hedger has another side. They may be a manufacturer that will get the asset at $98 in the future (through the forward transaction), does something to it and knows they can sell it at $100 in the future. They are worried the price they would have to pay could go to $105 if they didn't buy forward. Yes, they wished they didn't hedge if the price went down to $90 in the future but they locked in the 2 point profit by hedging regardless ($100 sale, $98 purchase) by taking delivery through the forward market.

If the buyer was a speculator, they simply believe the price will be above $98 in the future. They are "long" the asset and can win (price is above $98 in the future) or lose (below $98).

Pricing this way requires the seller of the forward to deliver and the buyer to accept delivery. If the buyer was allowed to walk away, the seller is at risk. Why?

3B. Options on forwards

If one thought they needed to walk away from the forward, they should have purchased an option. All options look to forward prices to derive worth.

Call options allow one to buy an asset at a known price (the option strike) at the option expiration date. The above buyer of the forward paid nothing today but has to pay $98 in the future for the asset. When you buy a call option, you pay a small price at the beginning (the call premium), you might strike the option at $98 (at the money forward) and you have the right to walk away. To walk away, you sell your option and get some money back (the market option price when you sell).

Put options allow one to sell an asset. Thus, call owners cheer when prices go up and put owners cheer when the prices go down.

Although possibly confusing, like options, forwards can be unwound at any time also. The difference between unwinding a forward and an option is that if you buy an option, the most you lose is the initial premium since you get paid when you unwind.

Unwinding a forward requires you to pay a fee and you didn't pay one in the beginning. That is, you know the worst case with an option (you lose the initial premium) but the worst case with a forward unwind is possibly unlimited (you are short and the price just keeps going up!). Basically, you must pay the difference between the market and forward price you locked in. More about this when we get into the details of pricing of forwards and options.

3B1. Basic option positions and payoffs at expiration of the option.

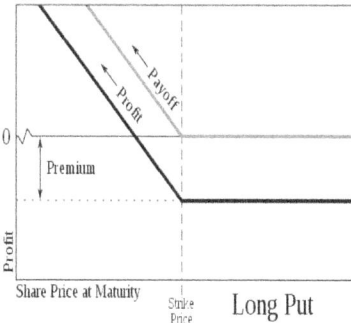

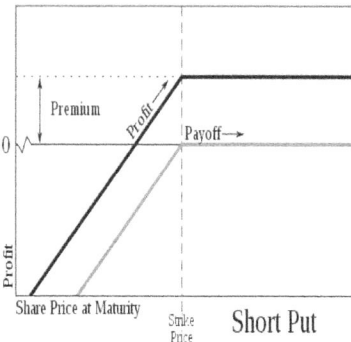

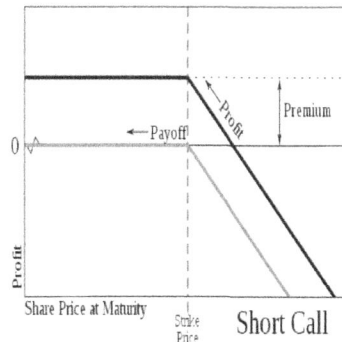

Long Put

Long Call

Short Put

Short Call

Buy (Long) a call. You have the option to buy an asset at a fixed price (strike price). You pay a premium (small amount of money) at the beginning. If you don't want to buy, you sell the call on any day if transacted with a broker (they make markets on all securities). The worst case is you sell for nothing. Your worst loss is your call premium.

Sell (Short) a call. You get the call premium in the beginning. You must make delivery of the asset at the fixed strike price if called. That is, the option is with the "buy" or long position, not the person who sells the call option. However, this position can be unwound on any day. You may have to pay more than the initial premium to unwind. This could occur if the price of the asset keeps going up.

Buy (Long) a put. You have an option to sell an asset at a fixed price. You pay a premium at the beginning. If you don't want to sell, you can sell the put on any day. Your worst loss is your put premium and that occurs when prices keep rising.

Sell (Short) a put. You get the put premium in the beginning of the trade. You must take delivery of the asset if the long put buyer "puts it (the security) to you". The option is with the long put position. A sold put can be unwound at any day. You may have to pay more than the initial premium to unwind early if the price of the security keeps dropping.

3B2. Option Payoffs prior to Expiration.

The above diagrams show the gain or loss of the four basic option positions only at expiration. These values are the "intrinsic value" of the option and are a function of the strike and underlying price of the security.

Prior to expiration, most options (except for deep in the money) have an additional value that adds to the option premium. It is called time value.

An example would be an option with security price and strike the same (at the money or ATM). It has no intrinsic value but with some time left, would have time value and thus a non-zero option premium (option price).

Time value arises because options pay off in a one sided fashion. With time remaining, an option that is ATM can go up or down in price from the current price.

If we have a call and the price goes up, the call is worth more. If the price goes down, there is no change in call worth since the call would expire worthless and it was worthless to begin with. Thus, the more variable the price might be in the future, the greater the time value.

A put has more worth if the price goes down and expires worthless if the price goes up. Thus, like a call it is a "one sided payer" and is also worth more when there is greater expected variability of the security price in the future.

Above we said most options have time value. The options that don't are deep in the money. If an option is deep in the money (security price very different than the strike), the option is like a forward. It is no longer a "one-sided payer". It gains and looses equivalently with up and down security price movement.

Deep in the money options have lost their option properties and might be better exercised (with the resulting security position being established). This is what creates the difference between American and European options (see below).

3B3. Options differ on exercise rights.

European Options can only be exercised at expiration. That is, the buyer of the call can say "Give me the security and I will give you the strike price to buy it" only at expiration. However, since options are bought and sold all day long, European options can be unwound on any day. To do this, one simply pays the market premium (if one initially sold) to buy the option back. If one initially bought the option, one simply receives the market premium (bounded by zero but can be more than the initial premium – the price could soar up!).

American Options can be exercised on any day. This makes them more valuable in certain situations than European Options. For example, suppose you bought a call and the security went way up in price. The option doesn't give coupons or dividends. Since it has the same risk (the option is deep in the money) as the security, American options allow you to exercise and get the coupons or dividends. You are left with a security that has the same risk as the option but gives interim cash flows.

Bermuda options allow periodic exercise, not daily. Thus they are somewhere between American and European and that doesn't mean the Canary Islands! It means Bermuda.

3B4. An example of an exotic option.

Regular options simply compare the strike to the forward price of the security. Asian options average something. That something can be the price that is compared to the strike, the strike or both.

The typical Asian option averages the price that is compared to the strike known today. For example, suppose one buys a call option struck at $100 that expires in one year. It might average the end of month prices and compare that average to determine if you are paid.

3C. Summary of Chapter 3

Forward prices assume the person setting the price for future delivery hedges themselves. The simplest hedge is to buy the security today and "carry it". That means, over the life of the transaction (today to forward delivery date), get the coupon/dividend and pay the cost to borrow the money to buy the security today. The spot price and "net carry" define the forward price.

Options are priced by assuming a distribution of future results centered at the forward. If the distribution is symmetric, puts and calls struck at the forward cost the same today. This is formally called "put-call parity".

Chapter 4. Over the Counter Derivatives as compared to Exchange Derivatives – more about the Unfunded Security Matrix Columns.

The picture most people associate with derivative execution is people on an open floor jumping up and down. This is "open outcry" Exchange execution but it is gradually being replaced by electronic execution – all done with computers.

4A. What is an exchange?

An exchange is a marketplace where (1) securities, (2) derivatives, and (3) other financial instruments are bought and sold. Out of these three exchange markets, the stock market (securities) is the most followed but the derivatives market is much bigger than the stock market in terms of size of underlying assets.

A derivatives exchange traded market is a market where individuals' trade standardized contracts that have been defined, structured/created by an exchange. Example of derivatives exchanges are the CME Group (www.cmegroup.com), NYSE Euronext (www.euronext.com), Eurex (www.eurexchange.com), BM&F BOVESPA (www.bmfbovespa.com.br) and The Tokyo International Financial Futures Exchange (www.tfx.com.jp).

The exchange that is developing the contract must determine the underlying asset, quality, contract size, maturity months, delivery arrangements (cash settled and deliverable), deliverable months, price limits, and price quotes.

4B. What does a clearing house do for an exchange?

It manages the exchange. In short, it makes sure trades clear – both sides go away "flat" and happy to/with each other. When the dust settles, the trades are finished and any obligation is over. This is mainly done through margining.

Basically, a clearinghouse acts as an intermediary in futures transactions. It guarantees the performance of the parties to each transaction. The whole purpose of the margining system is to eliminate the risk that a trader who makes a profit will not be paid.

Clearing arrangements vary across industries. However, common elements of clearing houses are that they:

1. Guarantee the traders will honor their obligations (solves trust issues).
2. Make traders obliged to the clearing house, not to other traders.
3. Make each exchange use the clearing house to settle trades.
4. Allow clearing houses to be part of a futures exchange (division, or a separate entity).

4C. How does the clearing house margining system work?

A margin account is opened and allows the investor to borrow or use leverage to transact business. The amount that must be deposited before any transactions occur is called the initial margin. At the end of each trading day, the margin account is readjusted or revalued to reflect the investors gain or loss in that day, i.e., the account is marked-to-market (MTM).

The investor is entitled to withdraw any balance in the margin account that exceeds the initial margin. To ensure that the balance in the margin account never becomes negative, there is a maintenance margin, which is typically lower than the initial margin. If the margin account falls below the maintenance margin, the investor receives a margin call. The investor is required to deposit an amount that makes the margin return to the initial margin requirement. This deposit is referred to as the variation margin.

4D. What is the history of the exchange?

Derivatives exchanges have been in existence for a long time. In 1848, the Chicago Board of Trade (CBOT) was created to bring farmers and merchants together. The main task was to standardize the quantities and qualities of the grains that were traded. A few years later, the first futures-type contract was developed, known as a "to-arrive contract". This led to interest from speculators who found that trading the contract was a better alternative to trading the grain itself. In 1919, the Chicago Mercantile Exchange (CME) was established as a rival futures exchange to the CBOT. In the present day, futures exchanges exist all over the world. The CME and CBOT merged to form the CME Group in 2007.

The Chicago Board Options Exchange (CBOE) started trading call options on 16 stocks in 1973. Options had previously traded before 1973, but the CBOE was the first create a structured market with well-defined contracts. Put options started trading on the exchange in 1977. As of today, the CBOE trades options on over 2,500 stocks and many stock indices. Both futures and options are popular contracts to trade among investors. As with futures, options are now traded globally on other exchanges.

4E. Electronic Markets

The advent of electronic trading has eliminated the need for exchanges to be physical places. Many traditional trading floors are closing, and the communication of orders and executions are being done entirely electronically. The Eurex, the world's second-largest futures exchange, is completely electronic. Many others, as they phase out floor trading, offer both floor and electronic trading. The CME Group maintains both the open outcry system and electronic trading. Electronic markets have given rise to algorithmic trading which allows a computer program to automatically trade without the need of a human.

4F. Market size of Exchange Traded products

The Exchange-traded market for derivatives is massive in size. According to an estimate by the Bank for International Settlements, the exchange-traded outstanding notional was 24 trillion as of December 2012 (www.bis.org/statistics/derstats.htm).

4G. What are OTC Derivatives Markets?

The over-the-counter market is much larger than the exchange market. The unit of size is "notional" and is measured in par (interest rates and credit) or market value (equities and other classes).

Pre Dodd-Frank implementation, trades are done over the phone between two parties. Financial institutions are generally the market makers for the products traded on the OTC market, which means they are always ready to quote a bid price and offer price to a client. They take principal risk – they may not be able to fully hedge their position and may be subject to market movement.

Because of this, each financial institution determines who their clients are and makes them sign legal documents. The most important document defines how trading is done and disputes handled - the ISDA. A part of that document (technically an Annex) is the Credit Support Annex (CSA). The CSA defines how margining is determined. This process is subject to change when Dodd-Frank becomes active.

A major advantage of the OTC market is that there is no specified terms set by an exchange, which allows the parties to make mutually beneficial deals.

A disadvantage is that only two firms are trading. If one goes bankrupt, will the ISDA and CSA hold up in bankruptcy court or will they be thrown out and bankruptcy laws prevail?

4H. History of OTC Derivatives Markets

Since the OTC market does not have a "place" like an exchange, it is very hard to track the history of the market. OTC Derivatives markets are believed to have been around since the times that people would barter goods. It is believed that parties would use a vessel (this represented a contract agreement) and would impress the terms of the commodity size, amount and the transaction date (delivery date) on the vessel.

4I. Market Size of OTC Derivatives Market products

The OTC market is the largest market in the world. According to the Bank for International Settlements, as of December 2012 the OTC notional was $589.4 trillion (www.bis.org/statistics/derstats.htm). We need to keep in mind that the notional value of an Exchange or OTC transaction is not the same as its mark to market. For example, consider the currency OTC trade that promises to buy 100 million US dollars with British Pounds at predetermined exchange rate at 1 year. The notional is $100 million, which is the value used in the $589.4 trillion. However, the mark to market value of the contract might be only $1 million since the market hasn't moved much since the trade was originated. The Bank for International Settlements estimates that the value of all OTC contacts outstanding in December 2012 is about $21.8 trillion on a mark to market basis.

4J. Comparison of Exchange Traded Futures vs. OTC Forward

Markets

The main differences between Forwards and Futures are:

1. Forwards are private contracts, futures are listed on the Exchange, publically observable and standardized.
2. Forwards usually reference one date but futures list multiple dates at one time.
3. Forwards and futures are both marked daily but margin money is typically called for daily only with futures.
4. A CSA defines how forwards are margined. Futures rules are uniform and defined by the Exchange.

Both futures and forwards are agreements to buy or sell an asset at a certain price at a certain future date. Since forward contracts are between two private parties, there is always the risk that one of the parties may not honor the contract. This risk is currently controlled and managed through legal documents – ISDA's and CSA's.

Futures contracts are traded on an exchange and are standardized. A range of delivery dates is typically specified. They are settled daily and normally closed out prior to maturity. Since the parties involved in futures transactions have to use a clearinghouse as an intermediary, it guarantees that there is virtually no credit risk. The only exception is that if margin is not posted, one member must stand in for the other. That is, the exchange system creates a linkage between members that can create a too big to fail situation.

4K. Users of Exchange Traded Markets and OTC Markets.

Hedgers - Hedging involves taking an offsetting position in a derivative in order to balance any gains and losses to the underlying asset. Hedging attempts to eliminate the volatility associated with the price of an asset by taking offsetting positions contrary to what the investor currently has.

Speculators - Speculators make bets or guesses on where they believe the market is headed. For example, if a speculator believes that a stock is overpriced, he or she may short sell the stock and wait for the price of the stock to decline, at which point he or she will buy back the stock and receive a profit. Speculators are vulnerable to both the downside and upside of the market; therefore, speculation can be extremely risky.

Arbitrageurs - A type of investor who attempts to profit from price inefficiencies in the market by making simultaneous trades that offset each other and capturing risk-free profits. An arbitrageur would, for example, seek out price discrepancies between stocks listed on more than one exchange, and buy the undervalued shares on one exchange while short selling the same number of overvalued shares on another exchange, thus capturing risk-free profits as the prices on the two exchanges converge. In short, arbitrageurs make hedging efficient.

4L. Regulation of Exchange Traded & OTC Markets

Futures markets in the US are currently regulated federally by the Commodity Futures Trading Commission (CFTC, www.cftc.gov). The CFTC was established in 1974 and is responsible for licensing futures exchanges and approving contracts. The CFTC also licenses all individuals who offer services to the public and doesn't take disciplinary action but forces the exchanges to disciplinary actions.

The NFA was formed after the CFTC in 1982. The NFA's objective is to prevent fraud and to insure that the market operates in the interest of the public. The NFA monitors trading and can take disciplinary action when appropriate.

The SEC (Securities & Exchange Commission, (www.sec.gov), the Federal Reserve Board (www.federalreserve.gov), and the US Department of the Treasury (www.treas.gov) all have claimed jurisdictional rights over some aspects of futures trading (concerning effects on cash instruments).

4M. Types of Exchange Traded Products

The nine top CME derivatives that were traded in each category are listed below, in order, as of August 5th, 2013.

Agriculture - (1) Corn Options, (2) Corn Futures, (3) Soybean Options, (4) Soybean Futures, (5) Wheat Futures, (6) Wheat Options, (7) Soybean Oil Futures, (8) Lean Hog Futures, (9) Live Cattle Futures.

Energy - (1) Natural Gas European Options, (2) Crude Oil Options, (3) Henry Hub Swap Futures, (4) Crude Oil Futures, (5) PJM Western Hub Real-Time Off-Peak Calendar Month 5 MW Futures, (6) Natural Gas (Henry Hub) Physical Futures, (7) PJM Dayton Hub Real-Time Off-Peak Calendar Month 5 MW- Futures, (8) PJM Northern Illinois Hub Real-Time Off-Peak Calendar Month 5MW Futures, (9) Henry Hub Penultimate NP Futures.

Metals - (1) Gold Options, (2) Gold Futures, (3) Silver Options, (4) Copper Futures, (5) Silver Futures, (6) Platinum Futures, (7) Palladium Futures, (8) Palladium Options, (9) Platinum Options.

Equity Index - (1) E-mini S&P 500 Futures, (2) E-mini S&P 500 Options, (3) E mini NASDAQ 100 Futures, (4) S&P 500 Options, (5) S&P 500 Futures, (6) E mini Dow Futures, (7) E mini S&P Mid Cap 400 Futures, (9) E mini S&P Weekly Options Wk2.

FX (Currency) - (1) Euro FX option (American), (2) Euro FX Futures, (3) Australian Dollar Futures, (4) Japanese Yen Futures, (5) Japanese Yen Options (American), (6) British Pound Futures, (7) Australian Dollar Options (American), (8) Canadian Dollar Futures, (9) British Pound Options (American).

Interest Rates - (1) Eurodollar Futures, (2) Eurodollar Options, (3) Eurodollar 2yr MC Options, (4) Eurodollar 3yr MC Options, (5) Eurodollar 1yr MC Options, (6) 10 yr Note Options, (7) 10yr Note Futures, (8) 5yr Note Futures, (9) 5yr Note Options.

Chapter 5. Evolution of Fixed Income Rate Derivatives.

On to the Value Drivers of the two matrices! This Chapter is about how OTC rate forwards and Exchange Rate Futures grew out of securities lending and the Repo/Reverse markets. Lending and Repo/Reverse trades are alternative assets.

5A. Securities Lending

Most assets in the firm's operating companies are in the form of notes/bonds (see the traditional asset section). There are many reasons for this but two main reasons are stability of earnings and notes/bonds can be easily lent. That is, different than an individual's typical traditional investing strategy (including perhaps 60% equity), operating companies of major firms have little use for equities backing their product. It would be very difficult to plan salaries because of the uncertainty of earnings. Equities move in price too much!

Many securities can be lent but we will stick to notes/bonds since that is mainly what corporate America lends. When corporations lend securities, they receive cash from someone and give that someone "perfected interest" in the security. This means if the firm doesn't give the cash back (typically the trade is done settling next day), the lender of cash can take the security. Thus, securities lending is a form of collateralized borrowing. When you lend a security you are borrowing cash using the bond as assurance you will perform in the future.

The securities lender/cash borrower pays interest on the cash received but can invest the cash in another instrument. If the new investment earns more than the interest paid on the cash, additional earnings can result. Thus, if the firm is an insurance company, we have (1) person buys insurance, (2) the company buys security with cash from selling insurance, (3) the company lends the security out and gets cash, and (4) the company invests cash in a second asset. Thus, two spreads are earned, one between the security and the insurance liability and the second between the security bought from borrowed cash and the rate that is paid to borrow the cash.

This creates leverage in the company since money is borrowed. For every (say) $100 coming from sale of product, the firm now has $200 assets and $200 liabilities.

This trade is unwound by having the one day investment mature. The firm gives the cash from the security bought with borrowed money back to the broker which repays the loan. The broker then gives the original security back to the firm and that security continues to support the original insurance liability.

5B. Repo and Reverse Markets

The "textbook" definition of a Repo is typically a trade in which the firm (1) sells a security "today", (2) gets cash "today" for the security sale and (3) agrees to repurchase the security in the future for a price agreed to today. The firm does a Reverse if it (1) buys a security "today", (2) pays cash for it "today" and (3) agrees to sell the security back in the future for a price agreed to "today". The firm earns interest on the cash lent.

In practice, the trader at a good credit institution simply agrees to purchase (Repo) a security in the future for a price agreed today or sell it (Reverse). If these positions move against the trader, collateral is requested. We will discuss these concepts going forward as defining Repo's and Reverses.

A Repo is different than the previously described securities lending trade. In a lending trade, you "post" the security as assurance you will give back the cash borrowed.

In both a Repo and a lending transaction, you are long the market. You make money if prices rise. In a reverse, you make money if prices fall.

Most trades are settled net in the future on the forward part of the Repo/Reverse – cash is delivered, which is the difference between (1) the market and (2) price set through the Repo/Reverse.

For example, a Repo at $100 settles for $1 if the market price at the end of the trade is $101. You gain if prices go up.

A Reverse gains if prices go down. This is because you agree to sell in the future at prices set today. If prices drop in the future, the money you get on the sale is greater than market. You have sold high and can buy back low for a profit.

5C. How the three forward transactions are used

The above three "forward" transactions are with specific securities. Lending is one of the primary cash management tools of business. It allows for daily cash management. You lend out your securities and use the cash as you wish. You don't have to invest in a second security. You could repay a debt today and use excess cash tomorrow to repay the original borrowing of cash.

Repo and reverses are useful for hedges. For example, hedging an acquisition could be accomplished using a Repo. You are going to buy a company. You do a Repo today. You buy the company and get the company's cash and liabilities. It will take you awhile to invest the cash asset back into notes/bonds. Your risk is that rates go down and you have trouble supporting the liabilities. The forward you establish in a Repo will pay you if rates go down in the future. It is your hedge.

A Reverse is useful if you are a corporate treasurer and have excess cash today but will have a deficit of cash in the future. You will have to issue notes in the future but you are concerned rates will rise. You do a reverse today. If rates rise in the future, your reverse compensates you for the higher rates of your issuance.

But people became worried about these transactions. Since they were on specific securities, couldn't someone "corner the market" and manipulate prices? What if someone walked away from a reverse, prices went down, the "somebody" owed money and didn't pay? These transactions were between big financial institutions but these institutions can still fail. For these and other reasons, exchange traded futures were born.

5D. Fixed Income Rate Futures

You can think of repos and reverses as over-the-counter (custom or OTC trades) that are similar to going long or shorting a future on an exchange such as the Chicago Board of Trade (CBOT/CME).

Consider doing a repo. No money changes hands initially (remember, only the "text book definition" requires an initial sale) and one establishes a price in the future that one can buy a security. With futures, again there is no initial money (except for a small amount of initial margin) and one establishes a price in the future that one can buy a security by taking delivery on the future.

The idea behind a future was to simplify and standardize repos and reverses. Instead of a specific security, one shorted (did a reverse – agreed to a future sale price) or went long (did a repo-agreed to a future purchase price) a generic (say) five year.

The generic aspect was accomplished by pricing the future using a basket of securities. The security that was "cheapest to deliver" was the security the future used for pricing.

In summary, repos and reverses are transactions where something is purchased or sold in the future for a price agreed to today. They are done with a broker and are simply another form of a forward transaction. They are priced by assuming the grantor of the forward hedges themselves.

The hedge for a Repo requires shorting a future since the forward in the Repo requires buying. The hedge for a Reverse requires buying (or going long) a future. Finally, futures are done on public exchanges and are typically referencing one security in a basket of securities.

5E. Interest Rate Swaps

Exchange rate derivatives (for example, bond and note futures) grew out of repo and reverse transactions. Repo and reverses are dealer trades useful for overnight hedging and cash management.

Interest rate swaps had a very different origin. They were created initially to change floating rate borrowing to fixed rates or visa-versa. For example, assume you are a company that doesn't have good enough credit to borrow at a fixed rate for 10 years. The lender might let you borrow at a floating rate. That is, the coupon resets every 3 months based on an index, typically the London Interbank Bank Offer Rate (3 month Libor) which supposedly is the rate London banks charge themselves to borrow and lend money for 3 months.

You can fix that floating rate by doing an interest rate swap. The swap has two components – receive floating and pay fixed. The floating rate received on the swap cancels the floating rate paid on the loan. You are left with the fixed rate paid on the swap.

You have used derivatives to create a "synthetic" fixed rate borrowing. The floating rate terms on the swap are identical to the floating rate terms on the borrowing. It is important to notice the credit of the floating borrowing might be different than the credit of the swap. In this example, the company is the credit on the floating rate borrowing (it pays the floating rate).

The credit on the swap is tricky. Suppose fixed rates have gone down. You are paying 5% but the market is pay 4% (to receive 3 month floating Libor) for 10 years. You are higher than the market by 1% a year for 10 years. On $100 "notional" of a swap, that is $1 per year for 10 years or $10, forgetting present valuing.

The swap notional is like the par of a bond. It is the size of the swap. Said differently, the notional of a swap times the rate times the time of the rate (3 months?) defines the dollar amount to pay or get paid.

Although swaps were created to modify borrowing terms, they can also be used as forwards just like repos and reverses. If you want to short a ten year maturity security for 6 months, pay fixed on a swap and receive a floating rate with both "legs" of the swap starting in 6 months. At the end of 6 months, unwind (also referred to as pairing-off) the swap. If fixed rates have increased 1%, you should be paid the present value of 1% for 10 years. The same result as above-$10 for every $100 notional of the swap, neglecting present value.

In the above example, note the floating leg isn't an issue. It is floating and as long as the swap didn't start, it is at market because the floating coupon wasn't fixed.

Receiving fixed with a forward starting swap is like a security repo. If rates drop at the end of the period, you get paid. If they rise, you pay.

Paying fixed is like reversing in a security. If rates drop, you pay since you are short and when prices go up, a short pays. If rates rise, you get paid.

Since the typical swap costs nothing today, forward starting swaps are a form of forward transactions. They are like futures, repos, reverses. Money flows from conditions changing after the position is established.

It should be noted that the Federal Reserve does Repos and Reverses with dealers. When they do that, the trade is looked at from their prospective. That is, their Repo is the dealer's Reverse. In this chapter, we have looked at it from our perspective and have had the freedom to not have the Fed involved!

Chapter 6. Fixed Income Credit Derivatives.

Credit derivatives insure one against default risk. One person pays a premium and if default occurs, gets paid the insured amount. They are buying default protection on a company. The other side of the trade gets paid the premium and must pay the insured amount if default occurs. Typical terms might be $1 premiums per year for 5 years for an insured amount of $100.

6A. The Buyer of Protection pays a Premium and buys Insurance.

Assume you are the buyer of protection and assume the above amounts. You bought protection because you stand to lose if the company defaults. You pay $1 per year until either (1) 5 years is up or (2) you unwind before 5 years or (3) default occurs. In (1), you simply paid for insurance and thankfully the default event didn't occur.

In (2), you no longer need the insurance. Unwinding the trade might cost or you might be paid. It would cost if the current cost of insurance is (say) $0.75 per year. The company improved in credit in this case. If you had a remaining term of 2 years, the cost would be $.50 to unwind (neglecting present value considerations – see next section). That is, what you are paying per year minus market ($1 - $0.75=$0.25 per year for 2 years).

Conversely, you would be paid if the premium went to $2 per year. The payment would be $1 per year for 2 years or $2, again neglecting present value.

We have just seen that a credit derivative can result in gain or loss without default. It is sensitive to the premium you are paying relative to the current market premium. Thus, like a normal corporate bond, changes in credit spread are reflected in price.

Last, if default occurs, the buyer of protection would receive the insured amount or $100 and give the defaulted bond to the seller. Thus, the seller pays $100 but gets back recovery of the bond. The contract would then terminate.

In practice, the usual settlement is a net cash settlement. The seller of protection pays $100 minus recovery of the bond to the buyer.

6B. The Seller of Protection receives a Premium and sells Insurance.

In this example, the seller of protection gets paid $1 per year. If (1) above occurs, they got paid $1 per year and didn't have to pay the $100 insured amount. The seller can unwind (2) independent of the buyer. That is, markets are made by allowing buying and selling. If there is an imbalance, the broker takes the risk (called principal risk). The broker might have an inventory of bonds and be happy to be net long protection, for example. He is fine with being long protection on one of his bonds in inventory because if the company defaults, the insurance pays.

The seller would pay on unwinding the trade if the premium went to $2 per year. They are only getting $1 and someone assuming that position would want to be compensated the difference. Of course, that is the $2 the Buyer had to pay, neglecting bid/offer of the broker and present value.

Finally, (3) default requires the seller to pay the insured amount of $100 and get the bond. They are thus out $100 minus recovery.

6C. Definitions of Default

Default definitions for a bond security are (1) Declaration of bankruptcy and (2) Failure to pay. Credit derivatives add a third –Restructuring. Restructuring means the terms of a borrowing the company made is changed to the detriment of the lender. In short, the present value of the payments the company makes is less on some obligation.

Restructuring allowed the banks to say to regulators that buying protection on the company allowed the banks to effectively remove a loan to that company from their books. Any loss on that loan was covered and thus no incremental default reserving was required.

Restructuring creates the potential for abuse. A bank could make a loan to a company, buy protection on the company and decide to restructure the loan the bank just made. The restructuring would trigger a default on the credit derivative but not the bond. Thus, the protection buyer would get (say) $100 from the protection seller and give the bond to the seller. The buyer is whole since they paid $100 for the bond in the beginning and got $100 from the seller. The seller may not be whole, it depends on where they can sell the bond.

To date the only protection against this happening is that the market would shut down if that happened!

6D. Credit Derivative Pricing

The central concept of pricing is one gets in premium what one expects to lose if default occurs. More formally, Probability of surviving * Credit Derivative premium = Probability of not surviving * Loss if default.

This assumes the buyer and seller are rational and each feels the deal is fair. It also assumes your investment horizon is the same as the one period assumed here (or, in general, the horizon is the same as the maturity of the credit derivative).

For example, 98.36% * $1 = 1.64% *$60 says for a credit derivative that matures in 1 period, if the probability of survival is 98.36% and the loss if default is $60, the fair premium is $1. The loss is only $60, not $100 since one is assumed to pay the $100, get the defaulted note and get $40 recovery by selling the note. Thus, the loss is the insured amount minus recovery.

Note that if one knows the market premium ($1), and assumes a recovery ($40), one can solve for the probability of survival since there would then be one equation in one unknown. That is, $p*\$1 = (1-p)*\$60$ or $\$61*p = \$60$. So p = .9836.

6E. Does the pricing correspond with Default Tables published by the Rating Agencies?

The short answer is no. Credit derivative pricing is driven by the market. Rating Agency Tables are driven by judgment plus market.

For example, someone trading in the market might buy protection not for default reasons but because they believe the spreads will widen on a credit. Since active trading on credit derivatives exists, wider spreads to buy protection than what one locked in earlier means the buyer gets paid by closing out the position with a broker. Default need not happen to get paid (or pay).

Additionally suppose the hypothetical buyer thinks the event will happen in the next three months. This tenor doesn't trade in the market – only the five year maturity is really liquid.

The result? Five year credit derivative spreads start to widen as they buy protection. This is not because of default concerns over a five year span but because someone believes spreads will simply widen in the next three months! The modeling is slightly naïve in assuming the investment horizon of the investor is the same as the maturity of the investment. Said differently, people buy 10 year notes without expecting to keep the notes for 10 years and make or lose money on yield to maturity changes!

Thus, the modeling is really conditional. Credit derivative results might be comparable to agency default Tables (1) if the investment horizon of the credit derivative investor is the same as the maturity of the investment and (2) if the reason for trading is default, not simply spread widening.

Chapter 7. The Rest of the Asset Classes – Equity (Public and Private), Commodity, Currency and Real Estate

7A. Public Equity Alternative Investments

There are many different types of Public Equity Alternative Investments. This section starts with an overview and then describes some of the equity alternatives (the categories sometimes seem endless).

Overview

As with fixed income, equities have forwards, futures and options. The major difference is the dividend of the stock is not as certain as the coupon of a bond. Perhaps that is why forward pricing in equities is for much shorter periods of time than fixed income. There is simply more uncertainty of the forward pricing!

Regardless of the reason, currently equity futures might go out one year at best. Also, different from fixed income, equity forwards typically increase in price going out in time as compared to fixed income. This is strictly a function of forward pricing – if the dividend rate is smaller than the borrowing rate, one demands more money in the forward price to pay for the excess net cost of carry. This is why, all other factors equal, equity calls struck at today's price (spot price) are more expensive than equity puts but the opposite is true of fixed income options.

Said differently, the phrase "in the money" really relates to the forward price for option pricing purposes. If the strike is $100 and the forward is $103, more than half of the distribution is beyond the strike and the call is worth more than if the call is struck at $103 (at the money forward).

Aside from the dividend issue, another difference between fixed income and equities is that the most popular equity option is on an index –the S&P 500 index. There are several possible reasons for this. For example, the popularity of exchange traded funds or ETF's that are S&P 500 based makes S&P put buying attractive. Insurance companies offer insurance products with the upside of the S&P 500 and buy calls to hedge themselves. Many hedge funds buy index puts to hedge against disaster.

We will now list some of the equity alternative categories.

7A1. Exchange Traded Funds

An Exchange Traded Fund (ETF) is a security that tracks an index, a commodity or a basket of assets like an index fund, but trades like a stock on an exchange. Unlike Mutual Funds, which have similarities to ETFs, ETFs experience price changes throughout the day as they are bought and sold. In addition, the fees on ETFs are usually less compared to the fees of Mutual Funds.

7A2. Exchange Traded Derivatives

7A2a. Equity Single Stock Futures

Single stock futures (SSF) are contracts between two investors where the buyer promises to pay a fixed price for 100 shares of a single stock at a predetermined point in the future and the seller promises to deliver the stock at the specified price on the specified future date. SSF are traded on the One Chicago Exchange or OCX (http://www.onechicago.com/). Going long a single stock future is similar to holding the underlying stock. Some of the differences are you receive no voting rights or dividend when holding the SSF, you can use leverage to purchase a SSF which means you may use less cash upfront but this makes it a riskier investment, taking a short position in a SSF is easier because there is no uptick requirement, and SSF gives investors flexibility and can be used to speculate, hedge, or take advantage of arbitrage opportunities.

7A2b. Equity Index Futures

Index futures are futures contracts on a stock index or financial index. A futures contract on the index is always cash settled. Index futures are used by many professionals to hedge their portfolio against market moves. For example, let's say a portfolio manager believes that the markets will move to the downside. The portfolio manager can choose to short the S&P 500 Index future as a way to prevent their portfolio from downside risk.

7A2c. Equity Single Stock Options

Exchange options on single stocks are the most commonly traded equity derivative. Options trade on more than 2500 different stocks. The terms of the contract (the expiration date, the strike price, affects that dividends have on the option price, position limits, etc.) are specified by the exchange. Equity options expire on the third Friday of the month. In the United States, stock options are traded on a monthly cycle. Spacing of strike prices of an option is determined by the price of underlying stock. If the stock is priced between \$5 and \$25 then the spacing is \$2.50, if it is priced between \$25 and \$200 then the spacing is \$5, and the spacing is \$10 for any stock that is priced above \$200. Stock options are usually not changed when a dividend occurs unless the dividend is large. In the case that dividend is large the strike prices will be reduced by the amount of the dividend.

7A2d. Equity Index Futures Options

An Equity Index Futures Options contract gives you the right, but not the obligation, to enter into a futures contract at a certain futures price by a certain date. The advantage of trading Equity Index Futures Options is that it provides you with more liquidity than the options on the individual members.

7A2e. Equity Index Options

Options can also be traded on the indices such as S&P 500 Index (SPX), the S&P 100 Index (OEX), Nasdaq-100 Index (NDX), and the Dow Jones Industrial Index (DJX). Index options contracts are usually European style. An exception is the S&P 100 Index. It is American style. One option contract is equal to 100 times the index. This means that the holder of a call option receives $(S-K) * 100$ at option expiration while the writer of the call pays that amount and the holder of a put receives $(K-S) * 100$ while the writer of a put pays that amount. Here K is the strike price and S is the current stock price.

7A3. Over the counter (OTC) Equity Derivatives

Most OTC Equity derivatives are options. Some have become so common they have special titles.

7A3a. Warrants

A warrant is a derivative security that gives the holder the right to purchase securities (usually equity) from the issuer at a specific price within a certain period. They typically have maturities greater than 3 to 5 years. Basically, they are long dated call options. Warrants are often included in a new debt issue as a "sweetener" to entice investors. They give equity upside to debt investments. When they are attached to the debt itself (and not separately issued) they form convertible bonds (see below).

7A3b. Employee Stock Options

These are given to employees as reward for their service. Nonqualified stock options require you to pay ordinary income tax on the difference, or "spread," between the grant price and the stock's market value when you purchase the shares ("exercise the option"). Incentive stock options (also known as "qualified" stock options because they qualify to receive special tax treatment) defer any tax to when you sell the stock. No income tax is due at grant or when you get the shares through exercise of the option. The tax is deferred until you sell the stock you received through exercise of the option.

7A3c. OTC Exotic Equity Options

OTC Exotic options are non-standardized options created by financial "engineers" to fill hedging needs in the market. Financial institutions, fund managers, and corporate treasuries use exotic options for accounting, tax, legal and regulatory reasons. Some of the more commonly known exotic options are Binary, Asian, and Bermudan options. Binary options are options that pay you a fixed pre-determined amount or nothing. An Asian option is an option whose payoff depends on the average price of the underlying asset during the life of the option. A Bermudan option is an option that can be exercised early but on only certain specific dates. A European option is an option that can be exercised on only one date, which is typically the maturity date of the option. An American option is an option that can be exercised any time before the maturity date. Most exchange traded options are American structured options.

7A4. Equity Swaps

Equity swaps are an agreement to exchange the total return (dividends and capital gains) realized on an equity index for either a fixed or a floating rate of interest (a benchmark rate like LIBOR is commonly used). Equity swaps are executed in the OTC markets by large financial firms, banks and investment bankers.

7A5. Convertibles

A convertible security combines debt and equity exposure. It is a bond or preferred stock that gives you the option to convert your holdings into common stock. The price of the convertible is dependent on the underlying common stock price and the convertible feature (i.e. the number shares you can buy over a stated period) is fixed.

7B. Private Equity Alternative Investments

A private equity fund can contain many different types of investments (or deals). Traditionally, LBO's and Venture would be the majority. However, increasingly these funds are opening up themselves to all the other alternative assets. We will first discuss how funds invest in a deal and then how investors invest in a fund.

7B1. How GP's and the fund invest in a deal

When a private equity manager invests in a specific deal to put into a fund, the type of investment can differ. For example, it can be equity or debt, differ in level of seniority (who gets paid first in a bankruptcy), timing of payback, etc. Defining the character of the contribution and how it will be paid back is called defining the "capital structure" of the fund investment.

Assume the fund makes a $15,000,000 investment in a deal that will go into a fund they are managing. The investment has a capital structure of 40% equity and 60% debt. The deal is sold in 7 years. This might be structured as follows:

7B1a. Initial investment in the deal

The 40% equity tranche might be composed of common equity (10%) and equity preference shares (30%).

The common equity tranche would thus total $1.5M (10%) and would be the first loss if the investment loses. The GP might contribute $300,000 (2%) and the fund $1,200,000 (8%).

The preference shares would total $4,500,000 (30%) at a 10% yield. These are high dividend shares but the dividend is only paid out at the end. That is, the dividend is capitalized. This makes preference shares a cash flow "shock absorber". It allows for variation in cash flow over time since the dividend doesn't have to be paid out until the deal matures. The shares have no capital appreciation other than the dividend being capitalized (so they are really like a zero coupon bond).

Finally, the debt is perhaps amortized (the principal is paid back along with the interest) over 10 years and is a high yield bond. The business associated with the deal may have financed and distributed this part themselves outside the PE fund.

7B1b. Final distribution of a deal

Between initial and final distributions, cash flows have gone to pay down the debt principal and interest and any equity dividends. At the deal termination (7 years), assume the investment is sold for $17 million. What do the different parts of the capital structure get?

Assume the high yield bond has $3.5M left in principal. These debt investors get paid first.

The preference shares are next. They have appreciated to $8.769 million ($4.5M million * 1.10^7).

The remaining money is split between the Fund and GP equity holders in proportion to their initial investment. For further details, see the Appendix associated with this section.

7B2. How investors invest in the fund

We have just seen how the managers of a fund might invest in deals but how does an investor buy into a fund of private equity deals? What do they get if they invest?

As an investor, you would first commit a sum of money to the fund. If enough commitments are obtained, the fund opens and the investment managers (general partners or GP's) start investing in deals (perhaps as above but there are many variations in how they invest). Thus starts the "drawdown" period where the committed capital is requested from the investor by the GP's to invest in deals.

Cumulative capital drawn down is called "paid in capital". It is the total money the GP has invested of your committed capital. The GP management fee is a percentage of this amount.

As time passes, some of the investments mature and return money to the fund. The rest are marked to market. The total of these two results are decreased by distributions to the investor and "carried interest".

The concept of carried interest is simple – the GP should be rewarded for returns above a certain level in addition to the GP management fee. The execution is complex. For example, should the calculation include the mark on the unrealized investments or just the realized (mature) ones? What if the GP does well one year and not the next? Should the reward be "clawed back" after a bad year? Should it be taxed as Capital or Ordinary Income?

In summary, the investor gets realized results of investing in deals after management fees and carried interest is paid to the GP's. We recommend calculating an investor IRR by having the drawn down capital as negative (outflows) when they occur and the realized inflows positive numbers when they occur. That is, the mark to market is not included.

7C. Commodity Alternative Investments

There are hard and soft commodities. An example of hard might be metals and grains an example of soft commodities.

Commodity derivatives have an aspect to them that the "financial" derivatives don't have. Over the pricing period, there is no "coupon". There is only cost. So, the "normal situation" of the forward prices is that they go up as one observes the price of more distant commodity forwards.

They go up to satisfy the standard way to price derivatives – spot price plus net carry. It's just that net carry only has one entry – cost. At one point in time, a one month forward price might be $1500 for gold, a two month forward $1550, etc. If lower in the far month, a commodity trader calls it "backwardation". Note that "backwardation" is the normal state for fixed income. This is because fixed income carry has two entries – coupon and cost and coupon is greater than cost.

Commodities are very technical. Trade flow really sets the price not the assumed "cash and carry" arithmetic assumed for all other derivatives.

7D. Currency Alternative Investments

One agrees to sell (say) $100 USD to get $90 EURO. A spot transaction settles today and a forward transaction settles in the future. The exchange of USD for EURO occurs at the end of the trade. No money is required at the beginning – these are thus unfunded trades and therefore derivatives.

How does one know if the above exchange of currency is fair?

7D1. PPP

If world output was determined by manufacturing and all countries created the same goods, we might have a simple way to determine fair. $100 USD buys in the states exactly the same basket of goods in the states as going to Europe, exchanging $100 USD for $90 EURO "spot" and paying $90 EURO for the basket. This approach is "purchasing power parity" or PPP.

As always in pricing, the best theory is defined by the way the biggest player in the market thinks about value! Since 2/3 of GDP is service, not manufacturing, there is an issue with PPP from the get-go.

7D2. Interest Rate Differentials

Since flow of money and investing is involved in everything, interest rate differentials suggest another theory of currency pricing. In the simplest form, buying a USD note denominated in USD and earning interest for some period should equal an amount of money at the end that is the same as the foreign investment described below.

The foreign investment has three parts. First, "today" spot convert your USD to the foreign currency. Second, purchase the foreign investment in the foreign currency. Third, "today" forward convert all foreign currency back to USD in the future. The third step is a currency forward. All three steps are done day one.

This foreign investment should give the same USD in the end if the spot currency rate, forward currency rate and foreign interest rate are "fair". The short hand way of thinking about this is that if one country's interest rate is higher than another, the two currency transactions (spot and forward) should take that advantage out. Currency exchange rates should "level out" any interest rate differentials.

Of course, there are many assumptions this theory makes. For example, are the two countries' credits the same? Does the investment require one forward trade or many forward trades if it has periodic coupons over some period of time?

Finally, it should be noted that most currency hedging in practice simply hedges by selling forward (back into the original currency) the original purchase price. That is, market movement (ending price) and uncertainty about interim cash flows of the investment makes for secondary currency risk in most real life currency hedges.

7E. Real Estate

There are several ways investors can invest in real estate.

Clearly, the first is one's home. Next, there are mutual funds. A third alternative is a REIT (Real Estate Investment Trust). These are entities with pools of investors. Because these REITs pay out a large percent of their income to investors (and it is tax deductible), they pay minimal federal tax. This avoids double taxation. One can typically invest in equity or debt of a REIT as one can with most corporations.

If one has more to invest, one can invest in individual residential or commercial properties. This takes one million and up and is typically outside the scope of an individual investment. This is called a real estate "whole loan".

Finally, one can invest in commercial properties through structured investments. Small pieces can be found of CMBS tranches. See the next Chapter on structured investments.

Chapter 8. Structured Paper.

What are the characteristics of structured paper? What are some examples?

8A. Funded Alternatives that are Structured

8A1. The family of C--'s (CMO's, CLO's, CBO's, CMBS)

One of the earliest structured securities was a CMO or Collateralized Mortgage Obligation. Individual residential mortgages are pooled in a trust.

As explained in Chapter 2, a trust is simply a legal entity defined by a trust indenture. The indenture defines the assets and liabilities of the trust. Trustees make sure the trust indenture is followed and the cash flows from the pool of assets get correctly to the notes or tranches. Because the investor pays for the tranches, the person who originated the loans in the pool is paid back and not at risk anymore. Rating agencies define the credit of the tranches.

The principal and interest cash flows from the assets are directed in different ways to the liabilities/notes/tranches of the trust.

The tranches might receive the cash from the pools "pro-rata". This means the proportion they get depends on the tranches size or "par".

The more popular distribution is waterfall. First the most senior tranche gets all principal payments from the pool until the senior tranche par is paid, then the next tranche, etc. All tranches get interest cash flows simultaneously. Prepayment shrinks the pool and the active (top) tranche.

In both approaches, default first reduces the pool and the bottom most active tranche (the current "equity" tranche).

A CLO is similar but uses bank loans rather than mortgages. Many of these loans come from private equity. The private equity firm takes over a company by borrowing and buying it. This is called a leveraged buyout or LBO. The lender (with an investment banker) pools the loans and investors buy the tranches of the structure. Their purchase price for the tranches flows back to the lender and the lender is free to lend again.

Finally, a CBO (Collateralized Bond Obligation) uses bonds in the pool and CMBS pools commercial whole loans.

8A2. Credit structured paper

In the purest form, a group of credit derivatives that sold protection on different credits are in the pool. Since the buyer of protection pays a premium to the seller of protection, the pool has a cash flow.

Thus, pools of credit derivatives create cash flows that can be "tranched". Again, investors buy the tranches, repaying the issuer that bought the credit derivatives from the original seller of protection.

In a less pure form, corporate notes are used in the pool. This is less pure since notes may have different maturities, be discount and/or premium (price above par) etc.

8B. Unfunded Alternatives that are Structured

8B1. Mortgage TBA's

Perhaps the first structured unfunded paper was the residential mortgage TBA. This security is unfunded and settles forward. It is an example of a structured OTC Interest Rate Forward (cell 1 in the unfunded matrix in the Appendix to Chapter 2).

If individual mortgages meet a set of characteristics, they are allowed to be pooled in a trust. The TBA derivative referenced the value of that pool even before the pool was formed and the exact mortgages were known!

This could be done because of the large number of mortgages in the pool and the defined set of characteristics required before the mortgage could be put in the pool which made the pool homogenous.

That is, a mortgage TBA is on a generic pool and exists before the specific mortgages in the pool are announced. The exact mortgages in the pool are To Be Announced (TBA) but the characteristics are homogeneous in coupon, maturity, etc. The settlement of the TBA is forward some number of months (1, 2, etc).

Mortgage TBA's aren't tranched. That is, there is one TBA for each month and type of mortgage pool.

8B2. Derivatives on tranches

An example of OTC forward derivatives on tranches is the CMBX. This derivative moves with the spread of CMBS tranches to Libor.

An example of credit derivatives on tranches is AIG receiving a premium to insure (sell protection) on senior tranches of subprime mortgages. That was one of the contributing factors to 2008 panic. It should be noted that the main problem AIG ran into was the mark to market on the derivative. They were paid little in credit derivative premium and the mark moved dramatically against them and any reserving they did was insufficient. It was fundamentally a liquidity issue.

8B3. Equity derivatives

By far the most common structured equity derivative is the S&P 500 future and S&P options. OTC options on the S&P can go out 10 years! Exchange futures and options on the index go out currently 3-6 months.

Chapter 9. Mathematical Background Necessary to go Deeper into Derivatives.

9A. Basic bond concepts.

9A1. Future Value

Assuming positive rates, $1 invested today is worth more than $1 in the future since the dollar can earn interest over time.

For 1 period, the future $ would be $1 + $1*Interest Rate = $1 * (1 + R). Our second period would be $1 * (1 + R) * (1 + R) = $1 * (1 + R) ^ 2. In general,

Equation 1: FV (T) = PV (0) * (1 + R) ^ T where:

PV (0) = Present Value today (For example $1)

R = Interest Rate per period (For example, 1% per year – a flat yield curve)

^ = Raised to the power of (For example, 2^3=8)

T = Time of Investment in periods (For example, 2 years if R is a yearly rate)

FV (T) = Future Value at time T =$1.0201 = $1 * ((1+.01) ^ 2).

9A2. Present Value

Equation 2: PV (0) = FV (T) / ((1 + R) ^ T) (This follows from Equation 1).

9A3. Discount Factors

Equation 3: DF (0,T) = 1 / ((1 + R) ^ T)

DF (0,T) = The discount factor that takes future cash flows from time T to today (or time 0)

When discount factors are multiplied by the future cash flow at time T (as defined above FV(T)), the present value of that cash flow is obtained.

Typically, discount factors are constructed from "par bond" spot rates by the "boot strap" method. The Appendix associated with this section shows these calculations in detail.

9A4. Term Structure

Since discount factors are unique to time and rate earned, a series of discount factors defines the way to discount all future cash flows to today. This series of discount factors is called term structure.

Thus, knowing the term structure, one multiplies each future cash flow by the appropriate discount factor and sums across all cash flows for that investment. Comparing the two sums across investments allows one to pick the higher present value investment.

Term structure is unique to the bond sector. Thus, the term structure for treasury bonds is different than the one for corporate bonds, etc.

Term structure may be calculated by several techniques – boot strap, multiple regression, etc. See associated Appendix for further details.

9A5. Forward Rates

Suppose we want to know if we should buy a five year investment or a two year investment and take the future money and invest in two years for three years?

Define the fair forward rate in two years for three years as 2F3. Assume we know the term structure (discount factors and thus future value factors).

If we start with \$1, \$1 * FV(5) = \$1 * FV(2) * (1 + 2F3) ^ 3. That is, our \$1 should grow in five years as defined by \$1 * FV(5). It should grow to \$1 * FV(2) in two years. That amount grown for the next three years is (1+2F3) ^ 3. With FV(5) and FV(2) known, we can solve for the fair forward rate 2F3. See the related Appendix for more details.

9A6. Discount factors vs yield to maturity (YTM).

If one used the term structure concept, the discount factors would be different for each period and calculated through the "boot-strap" procedure mentioned earlier.

Alternatively, one could use the yield to maturity concept to discount cash flows. This uses one yield and is really an average of the discount factors one would get by bootstrapping. The first discount factor would be 1 / (1 + YTM / 2) where YTM is annual yield to maturity and would discount the first semi-annual coupon. The next coupon would be discounted by 1 / ((1 + YTM / 2) ^ 2). That is, the first discount factor squared (making the numerator 1 *1). Although only one YTM is used, the entire discount factor changes (using the YTM approach) at different times due to raising (1 + YTM/2) to higher powers.

From the future value perspective, you are growing the present value by (1 + YTM / 2). That, in turn, is grown again by (1 + YTM / 2) and that is what causes the squaring.

This YTM concept will not get the same present values of each term created by the cash flows but will get the same sum of the terms (same price). How do we know that? Price is set by market traders and YTM and Discount factors are subsequently solved for. In short, both approaches are really one equation in two unknowns – price and yield.

9A7. Bond Duration

Once you have price and the related yield, how will it change over time? What is the risk due to change in yield/interest rates (and/or credit)?

Interest rate risk is measured by duration for fixed coupon bonds. Like the proverbial elephant, duration can be thought of several ways.

9A7a. Duration as a measure of interest rate risk.

First, it can measure the percentage change in price for a percentage change in YTM. The proof is shown in the related Appendix. That shows:

Equation 4: Macaulay Duration = (dP / (P+A)) / (dI / (I+1))

Where dP = price change

P+A = price plus accrued

dI = interest rate change

I = the one interest rate used for discounting YTM

For example, suppose a 5% YTM bond (I) changes one basis point in yield (dI) and that produces a $0.10 change (dP) in the price of a bond worth $100 in price and $.03 in accrued. We have:

($0.10 / ($100+$.03)) / (.0001 / (1 + .05 / 2)) = 10.25 = Macaulay Duration.

If the bond moves $0.20, the risk is 20.5 – twice the risk.

9A7b. Duration measures holding time for minimum risk

Macaulay Duration is also a measure of the time to hold a bond where, under certain assumptions, changes in interest rates produce a constant total return of the bond over a defined holding period.

If I bought the above bond today and sold it in 10.25 years, two factors determining my worth are in relative balance. The first factor is my reinvested cash flows from now to 10.25 years from now. As rates go up, that amount goes up. The second factor is my price at sale. If rates went up, that value goes down since I would discount my cash flows remaining after 10.25 years at a higher rate. Rates down and my reinvested cash is less at 10.25 years but my price is greater. We have a balance with rates up or down!

Note that this is true for one instantaneous rate move that holds for the entire period. If there were several, the balance is less precise since the reinvested rate would not be linked to the present value rate for future cash flows used for pricing. Never the less, the two amounts are offsetting and can help in risk mitigation.

In summary, I would have a minimum return under the precise assumptions above if I bought the bond "today" and sold the bond at the Macaulay duration. The results are less precise with multiple rate moves over the period. The associated Appendix shows the proof.

9A7c. A second type of Duration - Modified Duration

In practice, modified duration is usually used. It drops the I+1 term and thus is percentage price change for a basis point move in YTM. Thus, Modified duration = Macaulay duration / (1 + (YTM / # of annual compounding periods)). Using the numbers in the above example,

Modified duration * (1 + .05 / 2) = Macaulay duration or

Modified duration = 10 since 10 * 1.025 = 10.25.

9A7d. Duration vs. Maturity

You might think longer maturity bonds are more risky than short maturity bonds so why bother with duration? What does duration add that maturity misses?

The problem with the belief that maturity tells all is that high coupon bonds have less risk than low coupon bonds of the same maturity. This is because the money you spend on high coupon bonds comes back faster (in the way of the high coupons). Thus, it is more "cash-like".

The duration will be lower for high coupon bonds as compared to low when both bonds have the same maturity. Thus, high coupon bonds have less price risk if rates move.

9A7e. Convexity

In the above example, suppose the YTM was 6%. The new Macaulay duration is related to the old duration by convexity. That is

New Duration = Old Duration + (Convexity * Change in Security Interest rates)

For example, suppose at 6% YTM the duration was 10.5. We have convexity = .25 or,

10.5 = 10.25 + .25 * 1

In practice, one usually measures duration across different interest rates to see duration "drift". The "drift" is because of convexity and due to the fact that price and yield are not linearly related. The less the drift, the more stable the duration value with different interest rate levels and the less the convexity.

9B. Basic equity concepts.

Duration measures risk that is not relative to another security but to interest rates. Standard deviation measures risk in the equity world not relative to another security. Both can be said to be measures of "absolute risk".

9B1. Risk measures.

9B1a. The standard deviation of a distribution of numbers.

The standard deviation measures the dispersion of numbers. Find the mean of the set of numbers. Next, take each score minus the mean, square the result, sum each squared difference, divide by n, take the square root.

By squaring each difference from the mean, you are getting the spread regardless of whether it is higher or lower than the mean.

9B1b. Upside/Downside Capture.

Relative risk (risk relative to a benchmark) is usually measured by "upside/downside" capture or beta. If a stock goes up ½ % in a period when the benchmark goes up 1%, the stock captures ½ the upside of the benchmark. If the stock only captures ¼ of the downside, it has favorable upside/downside risk.

9B1c. Beta

In the Capital Asset Pricing Model (CAPM), return of a particular security is a function of the risk free rate and the risk that security has relative to the market.

Imagine getting pairs of monthly returns of the security and market over some period of time. Also get the risk free rate over the same period. Plot the security return on the Y axis and the difference between market return and risk free rate on the X axis.

The slope of the line that best fits the plot is Beta. Thus, Beta tells you how much your security increases in return as the market increases above the risk free rate. If taking risk in your stock has no gain over taking market risk, don't buy the stock.

Now consider the Y value when the X value is 0 (when the market return equals the risk free rate). If the Y value is above the risk free rate, the security has more value than the market. So,

Security return(i) = risk free rate + Beta * (market return(i) − risk free rate)

Where the different "i's" are the different months.

In practice, most measures of Beta are to market return only, not excess return as above. In part, this is because there is disagreement as to what composes the risk free rate. Also, Beta using raw returns is more useful in calculating a hedge ratio. One gets a different hedge ratio using excess returns than when one uses only market returns. The latter does match price changes.

9B2. Return measures.

In bonds, the yield to maturity is the return measure most often used. In equities, the return measure most used is monthly pretax total return. Because the time interval is one month, one usually measures end of the month to end of the month. Any intermediate cash flows are reinvested during the month and contribute to the end of month return. Thus, the numerator is the ending money minus beginning money. The denominator is the beginning money.

For example, a mutual fund has a Net Asset Value (NAV) that is measured this way. It is after fees but before tax.

A second return measure is used in equity other than monthly returns. That is the continuous return measure or "r".

Suppose one compounded every day instead of semi-annually. We get $FV = PV(0) * (1 + (YTM/365))^{365}$ where YTM is an annual return. In general, this can be written as $(1 + YTM / n)^{(n*t)}$. The number of compounding periods per year is n and t is the time in years for the return period.

Consider compounding 1 million times a year at 100% YTM. What is the one year future value assuming a PV(0) of $1? We have $\$1 * (1 + (100\%/1,000,000))^{1,000,000} = 2.71828 = e^1$ where e is the base of the natural logarithms. Since 100% = 1, we have e^r where r is the "close to" continuously compounded rate (1,000,000 times a year). For two years, we square that number. We have $(e^r) * (e^r) = e^{2r}$ or $e^{(r*t)}$. In short, $\$1 * e^{(r*t)} = \$1 * (1 + (YTM/n))^{(n*t)}$ as n approaches infinity.

9C. Performance attribution.

Most total return funds have more than one asset class (for example, stocks and bonds) and multiple securities within an asset class. Are the returns coming from selecting the right asset classes ("top down") or the right securities within an asset class ("bottom up")?

Given a fund and an index and its sub sector returns, one can decide. Let FW(i) be the fund weights in the asset classes and FR(i) be the funds return in those classes. Similarly, the index is IW(i) and IR(i). Since the total return of the fund is the sum of FW(i)* FR(i), subtracting the sum of FW(i) * IR(i) gives the bottom up excess return. That is, keeping asset class weights constant, does the funds return beat the index? If so, the excess comes from security selection. This is the bottom up contribution of the manager.

Next, take the sum of FW(i) * IR(i) minus IW(i) * IR(i). Keeping returns of the asset classes fixed by using the index returns, are the returns better using the funds weights as compared to the index? This is the top down contribution of the manager.

Note that the sum of top down and bottom up equals fund return minus index return or fund excess return. This is also called alpha.

See the example for this section in the Appendix.

9D. Option Pricing

There are two ways to present option pricing – open and closed form.

9D1. Open form pricing

9D1a. The Arbitrage Argument (William F. Sharpe, Investments, Prentice Hall, Inc., 1978, pages 366-373).

Since owning an asset makes you money as prices go up but selling a call costs you money, options can hedge assets when used in some proportion (hedge ratio). That is, they can make you have the same ending worth regardless of what the market does in the future.

Two steps solve this problem. First, find the hedge ratio that gives the same ending dollars assuming either of the two scenarios occurred. Second, present value that single worth to today.

The associated Appendix shows an example.

Suppose you bought a call instead of selling it. The change would be the max terms and C0 would be positive. Following through the math, the hedge ratio "h" would be negative. You would have to short the asset if you bought the calls.

You could also buy a put. The put payoff equation would be

$$h * P1 + MAX(K - P1,0) = h * P2 + MAX(K - P2,0)$$

instead of the call equation using $MAX(P-K,0)$. It is left to the reader to check that buying a put hedges you and selling makes you short the asset (because both MAX terms would have a negative sign in front).

There are six fundamental values in option pricing. What are they?

1. Dividend yield is integrated into the value of the asset. The original expression assumed 0 dividends but one can incorporate them into the price P0, P1 or P2 terms.

2. Spot Price. This is really P0 and can have accrued interest (if bonds) in P0 as can P1 and P2.

3. Strike. This is the K term.

4. Volatility. This creates the 101 or 99 values of P1 and P2.

5. Rate to present value the two identical ending values. This is the r in the 1+r term.

6. Time. This affects the P1 and P2 prices and the appropriate rate to present value the ending values.

It is important to note that options priced this way are not subject to the expected mean growth of the asset in the future. Let us assume we think the asset could grow to .8% in the future one period. Since we have the asset either at 101 or 99, we have different probabilities of these two states. In general:

$$P * 101 + (1-P) * 99 = 100.8, \quad P = 0.9.$$

The expectation of a 0.8% return (starting price 100) causes us to weight the scenarios this way.

The reason these probabilities change expectations but not the call price is that the ending values of the hedged portfolios are identical. Said differently, if two outcomes are the same number, weighting them by various weights that all sum to 1 still give you that number!

In the example in the Appendix, we have in step1; 49.5=49.5.

Thus, Step 2 is always present valuing back 49.5 regardless of the probability weights of the two scenarios. Thus, the call price will be the same regardless of different expectations of the asset return.

9D1b. Single period but more than two outcomes

The above approach assumed only two outcomes and that the ending period was at option expiration. What if we want many ending values (but the ending values are still only at option expiration)?

Pricing an option that expires at some time in the future using many ending values involves the following steps:

First, calculate the forward price. That is the mean of a distribution of prices that might happen in the future. The forward date for the forward price is expiration of the forward/option.

Second, assume a shape of the distribution about that mean (symmetric and normal - bell-shaped?).

Third, set the spread of that distribution (implied volatility) defining the width of the range of possible future forward prices.

Fourth, define what the option would pay at each price in the future. Since you assumed a distribution in step 2, these payoffs have an associated probability.

Fifth, present value the payoffs to today (see background in this section on present value) and multiply by the associated probability.

Finally, sum the results across all potential forward prices. That is the worth of the option.

See the Appendix for this section.

9D1c. The Binomial Approach (John C. Cox and Mark Rubinstein, Options Markets, Prentice-Hall, Inc., 1985, 168-179)

The advantage of these approaches (there is more than just one iterative approach) is that we have multiple periods and we can value prior to expiration. In fact, if we make the steps small enough, we approach the calculus involved in Black-Scholes.

Although there are several approaches, we will focus on one to see this convergence.

First, realize we can replicate a call on a stock by mixing different proportions of long stock and long riskless bond in a portfolio. If the stock price is far above the call strike, our position is all stock. Our hedge ratio is 1. Both the call and our "replicating portfolio" move with the stock market. If the stock price is far below the strike, we are all in cash. We hold no stock. Our replicating portfolio is all cash and doesn't move with the market which matches our out of the money call.

Our replicating portfolio of stock and bond must match the call in both up and down markets. It is thus different than the arbitrage approach. In the replicating approach, the values in the two states are the values of the call and are thus different from each other. In the arbitrage approach, the values in the two states are the same-the "hedge" has created two ending states indifferent to the market.

Cox and Rubinstein (1985) presented the analysis shown in the Appendix. The result of this so called "replicating portfolio" approach is that one can create a binomial tree of results and depending on how small the steps are in time, one can replicate the continuous Black-Scholes solution.

The Appendix first starts with a three period option. The call price obtained is $0.75. Part 3 of the Appendix says the binomial approach estimates it to be $1.89. Why the discrepancy?

The answer is too few steps.

Consider the thirty day option example in the Appendix. The price of the option is $2.217 per $100 of stock value. This is calculated using the binomial approach to calculate the probability of 1 up, two ups, etc. Each probability is multiplied by the terminal value of the call since the terminal stock price is known by the number of ups and the probability of an up "P".

Summing those products and present valuing them gives the call price of $2.217.

9D2. Closed form pricing

We simply want to state the equation and fill in the numbers to get a value. This will show the binomial and Black-Scholes will give the same answer when the same assumptions are used.

The "classic" Black-Scholes equation has no dividends and has five variables.

1.   Stock Price Today = 100
2.   Time from "today" to option expiry expressed in years = 30/365
3.   The "riskless" interest rate over the period expressed annually = .01 or 1%
4.   The strike price of the call = 100 (an at the money call)
5.   The implied volatility = .19 or 19%

The Appendix shows that "plugging" in these values results in $2.21 for the call premium or price.

Except for implied volatility, it should be clear that all of the values are the same. So, how does one relate implied volatility to the binomial?

First, we need to understand how volatility grows over time in the Black-Scholes world.

The variance of the sum of a set of random variables is the sum of the covariance. Assume a set of monthly returns. If one month's returns tell you nothing about any other month returns, the monthly returns are independent. All covariance "cross terms" vanish and since the covariance of something with itself is variance, one is left with is a series of variances.

For example, assume you want an annual estimate of volatility but you only have monthly. You would multiply the monthly variance by 12. Since standard deviation is the square root of variance, the annual estimate of standard deviation is the monthly standard deviation times the square root of 12.

Second, how does the discrete binomial approach reflect volatility in the Black-Scholes continuous world?

Clearly, the size of "1+u" and "1+d" is the answer since they drive the asset value. As shown by Cox and Rubinstein (1985, page 199-200), the appropriate relation is 1+u = e ^ (vol * sqrt (Time)).In our example, u was over one day, thus $1.01 = 2.71828183 \verb|^| (\text{vol} * \text{sqrt} (1/365))$ .Taking the natural log of both sides, we get $\text{Ln} (1.01) = \text{vol} * .05234239$. Thus, vol = .1901 or 19% as used in the Black-Scholes formula.

Chapter 10. Case Studies using Alternatives

10A. Fixed Income Rates

10A1. Hedging a future debt issuance

A corporate treasurer thinks rates are low today and will go up in the future. Since they borrow, this will cost more money in the future. How can they protect themselves?

They could issue today and lock in the rate of borrowing. But, suppose they don't need the money? They would be paying interest on money they didn't need.

Better, they could "short" a forward. This could be on an Exchange (like the CBOT) or over the counter. If on the exchange, the forward is called a future.

Assume the issuance is 50 million of a fixed rate note 10 years to maturity. The most likely hedging candidates are:

1. Short a 10 year note future.

If the future approach is chosen, one needs to determine the cheapest to deliver note (call a finance professional or use software). Change the yield on the note a basis point and divide the price difference by the futures factor for that note and contract month. The result is the price change the future should make for a basis point change in yield. Since that change is for $100 par and the contract is $100,000 par, multiply by 1,000. Divide that into the issuance price change for a basis point change in yield and you have the number of contracts.

2. Reverse in a security

In a reverse, you fix the price today that you will sell a security you own in the future. If the market price goes lower in the future, you make money (sold high and bought low).

The hedge ratio is price change in the security reversed vs issuance price change (or, whatever you are hedging).

It should be noted that the repo and reverse markets are currently shrinking due to banks wanting to conserve capital. That is, the trade requires capital since it extends credit to the institution.

3. Pay fixed for ten years and receive floating on a forward starting swap.

If the swap approach is taken, start it in the future when the issuance is expected. Thus, the floating leg is irrelevant – the floating rates are at market throughout the hedge since they are never fixed.

To calculate a hedge ratio, take the ratio of change in price of issuance to that of the swap. The change in price of the swap is a function of the fixed rate – treat it like a note.

The cost of swap hedging is the fact that the forward will become "spot" over time. Thus, the fixed rate difference between the spot and forward rate of the swap is the cost in yield.

The swap is probably the best hedging tool since it has a spread to treasuries as a corporate issuance would also have. The futures are treasury based and the reverse is a specific issue.

10A2.   The value of "Assignment"

During the S & L crisis of the late 1980s, and more recently the financial crisis of 2008, there were a high number of bank failures. The Federal Deposit Insurance Corporation (FDIC) was responsible for taking over failed banks during these two crises and it inherited a portfolio of illiquid assets. Some of these assets were derivative securities i.e. interest rate swaps, interest rate caps and/or floors.

These OTC derivatives were not liquid (could not be unwound) if the failed bank owed money to a non-failed (bigger) counterparty. These bigger institutions did not fail in the 2008 crisis (another branch of the government took care of them). The derivative trades should have been margined but either weren't or the collateral used for margining was itself bad. The bigger counterparty wanted money to unwind the derivative and couldn't get it from the failed bank.

For example, in 2009 the FDIC took over a Bank that had entered into a 5 year interest rate swap with a notional amount of $100 million. The bank wanted to hedge a pool of newly originated fixed rate mortgages that it held on its balance sheet.

The risk was that rates increase and the fixed rate mortgages would decrease in value. To hedge that risk, the bank entered into a swap to pay a fixed rate to a counterparty and receive floating.

As interest rates declined during the financial crisis, the OTC derivative decreased in value. Paying 4% fixed to receive floating rate Libor when the market is pay 3 % fixed rate means a loss.

Unfortunately, the mortgage didn't increase in value due to credit and other factors. This points out the danger of partially hedging the risks of an asset. The asset can be subject to risks A (credit) and B (interest rates). You hedge B (interest rates) with a swap. A takes down the asset and B takes down the derivative. Both sides lose.

The FDIC derivative manager had to put "lipstick on the pig" and could not simply unwind the mortgage and pay off the loss on the derivative.

The strategy chosen was an "assignment". Most derivatives can be transferred to another counterparty with the other counterparties approval. The dealer would rather face another liquid dealer than a bankrupt small bank!

The task was to discover a solvent dealer that would accept assignment for the least cost since that new dealer was assuming a trade that was currently at a loss. The cost would be paid by the failed bank (ultimately the taxpayer) but the bank would be out of the swap at the least cost.

When the FDIC manager finished the assignment process, they paid money to a new dealer to take over their obligations to the original dealer.

Assignment allowed the swap to be liquid again!

10A3. Mortgage origination hedging

The business of mortgage banking, of course, is lending people money to buy a home. The lender quotes a rate to the borrower and sometime later (45 days?) the mortgage closes and the payments begin.

Instead of keeping the loan and getting the payments over time, the mortgage banker sells the loan typically to the Government National Mortgage Association (GNMA), the Federal National Mortgage Association (FNMA), or The Federal Home Loan Mortgage Association (Freddie Mac).

These agencies buy loans at market. Since it takes 45+ days to create the mortgage and the lender has locked in a rate over that period, the lender is at risk if rates go up. The (say) 5% mortgage is not worth $100 for every $100 par if rates go up even though it was worth $100 in the beginning of the period when the rate was quoted. If rates go up, the mortgage banker loses.

To counter that risk, the mortgage banker could short a TBA or buy an option on a mortgage TBA.

A TBA is a derivative on a pool of mortgages with a certain coupon but exact characteristics beyond that (for example, loan to value, credit score of borrower, etc.) are "To Be Announced". For the most part, they are derivatives on pools of newly originated mortgages that will settle (say) 1 month from now.

TBA's can be shorted. Thus, the derivative can pay you if prices drop. You can short the same coupon you quoted and it can be a TBA on the same agency as you plan to sell to (GNMA, FNMA, etc). Options also exist on them.

Shorting when the rate quote is made would be the answer except that the mortgage may not close in the 45 days. The borrower might have a credit issue not captured in the credit screen, the agency might change some small detail of what they accept, etc. Thus, closing is a risk – the other side of the hedge could go away and you are stuck "naked" in your short(s)!

The general answer is to short what you are sure will close and buy puts on the rest. The problem is cost. If your competitors don't hedge and you do, will you get any business?

To reduce this cost, it is tempting to sell calls on the mortgage. The premium you get is a partial hedge to rates going up but only a partial hedge. This is a good strategy in the current environment (late 2013) since the Fed has been buying securities and thus keeping rates low. The calls expire worthless and you keep the premium. However, if rates increase significantly, keeping the the call premium will not hedge the loss of worth on the mortgage.

10A4. Hedging short rates

Eurodollar futures are an excellent way to hedge the short term "CD" rates that a bank uses to have money to make longer term loans. The bank quotes (say) a three month rate and someone gives the bank money and earns that rate. The bank then usually loans that money out longer term. If they did nothing else and short rates went up, they might earn a negative spread over the life of the loan because the multiple short rates went up that are used to fund the longer loan.

To hedge this risk, the bank can short a Eurodollar future or series of Eurodollar futures (a "strip" of Eurodollar futures since they are shorted in future months sequentially). This is an example of liability hedging since the short term CD is a liability of the bank.

For example, the Federal Reserve Chairman suggested that short rates would remain artificially low through the beginning of 2015. Our bank treasurer is concerned about an increase in three month rates early in 2015. Assume the bank has a massive three month funding need exactly then. The treasurer would short March 2015 ED futures contracts to lock in the target yield. So if the price of the March ED futures contract is say 99.55 today, the implied forward 90 day ED futures yield is .45 basis points (100 - 99.55).

The "locked in" rate of 45bp assumes (a) the bank indeed issues debt in the future and (b) the zero spread of that debt doesn't change to 3 month Libor in the future. In the chart below, negative numbers means the bank pays and positive they receive. For example, -1.00 means the bank pays 1% for 3 months. The 3 month bank spread is assumed to be 0bp to 3 month Libor.

Borrowing Rate paid	Unwind future	All in "Cost"
(Spot 3M Libor level)	(Shorted @ .45)	
(1.00)	.55	(.45)
(0.55)	.10	(.45)
(0.45)	.00	(.45)
(0.00)	(.45)	(.45)

Regardless of what rates do in the future, under the above two assumptions, the all-in borrowing rate (future and borrowing) is 45bp. This is because, in the top row of this example, All in borrowing = - Market Libor + (Market Libor – Futures rate) = -1 + (1-.45) = -.45. Market Libor is what you pay and defines futures unwind. All else cancels out.

How does one look at cost of hedging in this situation or indeed in any hedge? That depends on how one defines cost.

The best definition of cost is to equate risk of investments and compare return. If one chooses an alternative that has less return than the highest (and it has the same risk), cost is the difference in return. Said differently, all derivatives transform return and risk. Thus, cost must be measured comparing return across equivalent risk positions.

That contrasts with the typical textbook definition of cost as defined by "convergence". You locked in 45bp and if spot 3 month Libor was 20bp at the time, the cost would be defined as 25bp (45-20). However, comparing a hedged 45bp position with an unhedged 20bp position is apples and oranges. The two positions don't have the same risk. The correct approach is "would you rather have 45bp locked in or go unhedged and risk doing better or worse"? That clearly depends on one's return / risk tradeoff and perhaps defined in the "efficient frontier"- the best returns relative to different risks.

10B. Fixed Income Credit Derivatives

According to New York Insurance derivatives law (which many insurance companies comply with), insurance companies are allowed to use derivatives to hedge, "replicate", and do income generation.

Income generation means selling covered calls on owned securities. It is replication that requires some explanation.

The replication trade is very specific. One sells protection by doing a credit derivative trade (say, sells 5 year protection on IBM). One then finds a bond they own (say, 5 year Exxon) and "pairs" the two. That is, they are allowed to treat the two as one for reporting and reserving purposes by sending the two into the Insurance Security Valuation Office (SVO) in New York. Implicitly, the regulators are saying there is little difference between owning IBM corporate bonds and owning Exxon and selling a credit derivative on IBM.

The logic is strongest if one believes Exxon is "bulletproof" (will not default). In that case, if IBM defaults, sell Exxon and presumably one gets the money to close out the credit derivative. The money required is the par amount of credit derivative. This requires Exxon to always be par or above in market value.

If the above conditions held over the life of the trade, it would appear that one truly would replicate an IBM corporate bond. Person one buys IBM for (say) $100 par, it defaults and they get recovery. Person two buys Exxon for (say) $100, sells protection on IBM. IBM defaults, Person two sells Exxon, delivers the $100 and gets back IBM recovery.

Both people paid $100 in the beginning and got the recovery of IBM in the end upon default.

10C. The Other Value Drivers

10C1. Public Equity - Valuing Employee Stock Options

Black-Scholes is commonly used to value employee stock options when granted. However, there are many reasons this overstates the value. First, the employee typically loses all option value if they leave the company before vesting. Thus, one must measure the probability of staying from grant to vesting date and multiply that by the option price.

Second, consider the time between vesting and option expiration. If one leaves during this time, one only gets the difference between current stock price and option strike. One only gets "intrinsic" value and no "time" value. Said differently, an at the money option (current stock price = strike) with some time to expiration is worth something with regular options but the employee gets nothing if they exercise their options. The employee must exercise only at option expiration to realize the time value.

10C2. Private Equity – Bill Ackman and CP

Bill Ackman is a US "activist" hedge fund manager. He saw an opportunity in CP (the Canadian Pacific railway). He operated much like a private equity investor in this transaction. That is, he took over control of the company. He didn't have to borrow as is traditional in an LBO (Leveraged Buy Out). He used the funds in the hedge fund.

He had an interesting strategy. Hunter Harrison, the CEO of the successful railway Canadian National (CN), had recently retired from that railway. He was interested in being CEO of CP. The bet was his leadership skills would transfer. The stage was set.

What follows is an alleged timeline of events published on May 17, 2012 in Thestar, the online site of the Toronto Star newspaper.

In this discussion there is mention of a proxy vote. This means the shareholders would vote and decide the outcome.

Sept. 23, 2011 — Pershing Square Capital Management begins acquiring a stake in Canadian Pacific Railway, spending $1.4 billion, the largest single initial commitment to any investment for the U.S. hedge fund.

Oct. 28 — Pershing Square discloses in a filing with the Securities and Exchange Commission that it has acquired 12.2 per cent of outstanding shares, which later grew to 14.2 per cent. It noted it expected to engage in discussions over the future plans of the company.

Oct. 29 — CP's chairman John Cleghorn holds two telephone discussions with Pershing Square's Bill Ackman, who indicated he would be seeking significant change to the management team.

Nov. 2 — Ackman and two other Pershing Square officials meet in Montreal with Cleghorn and president and CEO Fred Green. Ackman says CP could get an operating ratio to 65 in four years, if former CN Rail executive Hunter Harrison took the helm.

Nov. 2 to 4 — CP's board of directors meets to discuss Pershing Square.

Nov. 4 — Further discussions between Cleghorn and Ackman, where he asks for a board spot for him and Paul Hilal, a Pershing Square partner.

Nov. 10 — Cleghorn advises Ackman that he will recommend the board meet with Ackman to consider his candidacy for board seat.

Nov. 21 — Board meets with CP's advisers. Board agrees to interview Ackman for board position, as well another candidate to boost railroad industry experience, but say they won't consider Hilal, who has no particular railroad expertise.

Dec. 11 — Ackman meets with governance committee in Calgary, and asks board to meet with Hilal.

Dec 12, 13 — Board holds meeting where Pershing Square's proposal is discussed.

Dec. 13 — Governance committee recommends that Ackman, Tony Ingram and Edmond Harris, both with railway backgrounds, be appointed to board. Pershing Square also discloses through regulatory filing its shares now total 14.2 per cent.

Dec. 14 — Cleghorn offers Ackman board seat, subject to confidentiality and standstill agreements.

Dec. 15 — Ingram and Harris are appointed to board.

Dec. 23 — Lawyer for Pershing Square says hedge fund will not sign confidentiality and standstill agreements.

Dec. 30 — News breaks that Pershing Square wants retired CN executive Hunter Harrison to be CP's next CEO.

Jan. 3 — On behalf of board, Cleghorn send open letter to Ackman, about inaccuracies in media reports, but says the board is willing to continue dialogue with Pershing Square

Jan. 4. — Ackman sends email to Cleghorn, with the subject line War and Peace, warning that "a border skirmish" would turn into "a nuclear winter" if his demands for two board seats and Harrison as CEO are not met. He warns that Pershing Square will initiate a proxy contest.

Jan. 9 — After board meeting the day before, CP issues an open letter to shareholders, saying the board is executing a clear plan to boost efficiency.

Jan. 13 — Canadian National Railway issues news release that states if Hunter Harrison takes a position with CP, it would violate a noncompete agreement.

Jan. 23 — CN begins legal action against Harrison in U.S. District Court in Illinois over possible breach of his agreements. Pershing Square said it will guarantee payments owed to Harrison.

CP also announces that it would hold annual meeting on May 17 in Calgary. Earlier that day, Pershing Square had sent CP a requisition for a special meeting, but withdrew after the annual meeting's announcement.

Jan. 24 — Pershing files document identifying five nominees to the board as well as the start of a proxy fight. In the months to come, it adds two other candidates.

Feb. 6 — Pershing holds a town hall at the Hilton hotel in Toronto, where Ackman as well as the other board nominees are presented to shareholders, analysts and the media. Hunter Harrison is also present, who says he is eager to come out of retirement. He also says he has bought $5 million worth of shares to show his interest in the job.

Feb. 10 — CN amends its lawsuit against Harrison, and cancels his pension and other payments due to him, worth $40 million. CN also advises that it would consider filing an injunction to block Harrison from going to CP.

March 27 — At an investor day in Toronto, top CP officials meet with analysts and media for first time, warning if shareholders side with Pershing, it would be risky and lead to uncertainty and possible dysfunction.

April 20 — CP reports strong first-quarter earnings, hitting a record $142-million profit, which officials say shows the company is on the right track. Pershing isn't swayed, saying good weather helped boost results. Ackman also says its five nominees, not Pershing candidates, have all bought CP shares totalling about $2 million.

April 23 — CP announces it is boosting its next quarterly dividend, payable on July 30, to 35 cents a share, up from 30 cents.

May 2 — Despite media suggestions that CP is prepared to reach a settlement with Pershing Square, by granting four board seats as long as Harrison does not become president and CEO, both sides insist there is no deal, and no talks are under way.

May 3 — Proxy advisory firm ISS recommends Ackman's slate and withholding votes against certain CP directors including Cleghorn and Green.

May 7 — Ontario Teachers' Pension Plans says it will back Ackman's slate.

May 8 — Ackman speaks at Bloomberg's economic summit in Toronto where he says he won't make a deal because shareholders deserve a vote. He says of 36 per cent of proxies cast, include ones he controls, Pershing's slate has won more than 95 per cent.

May 9 — Proxy advisory firm Glass Lewis & Co also backs Pershing's slate.

May 17 — CP announces Fred Green has resigned as CEO and President of the company. The company also announced six directors, including Green, would not be standing for re-election.

We fast forward a year – Alleged events posted in Business in Canada (BIC), June 4, 2013

Ackman's journey with Canadian Pacific has been fraught with drama. When he declared his stake on October 28, 2011, the railroad company was down 4.5 percent year-to-date. A furious battle with the firm's management soon erupted. After a leak revealed Ackman's displeasure with CEO Fred Green and his pick to replace him – which was rejected by the board – the activist investor struck back with a vengeance. He threatened (and went on to declare) war in the form of a proxy contest, as shown in this alleged email excerpt to company Chairman John Cleghorn:

Based on yesterday and my not receiving a return call from you, the probability of war occurring has gone up meaningfully. War is not my preference and it has been extremely rare for us. We have had only two proxy contests in 25 or so active engagements with public companies in the last eight years.

No stranger to spectacle, Ackman presented his case to shareholders at the Toronto Hilton in early February 2012, an event at which Hunter Harrison also addressed the crowd.

On May 17, 2012, the management of Canadian Pacific chose to hold up the white flag rather than wait a few hours for a proxy battle to seal its fate. CEO Fred Green resigned, while Cleghorn and other directors announced they would leave the board. Ackman's handpicked candidate, Hunter Harrison, was then installed as CEO.

The numbers don't lie: this has been a spectacular investment. As of Monday's close, shares of Canadian Pacific were up 112.38 percent (TSX) and 104.23 percent (NYSE) from the date Pershing Square declared its stake. Here's a chart that shows the stock's performance and some milestones in the Ackman saga:

CP: TO

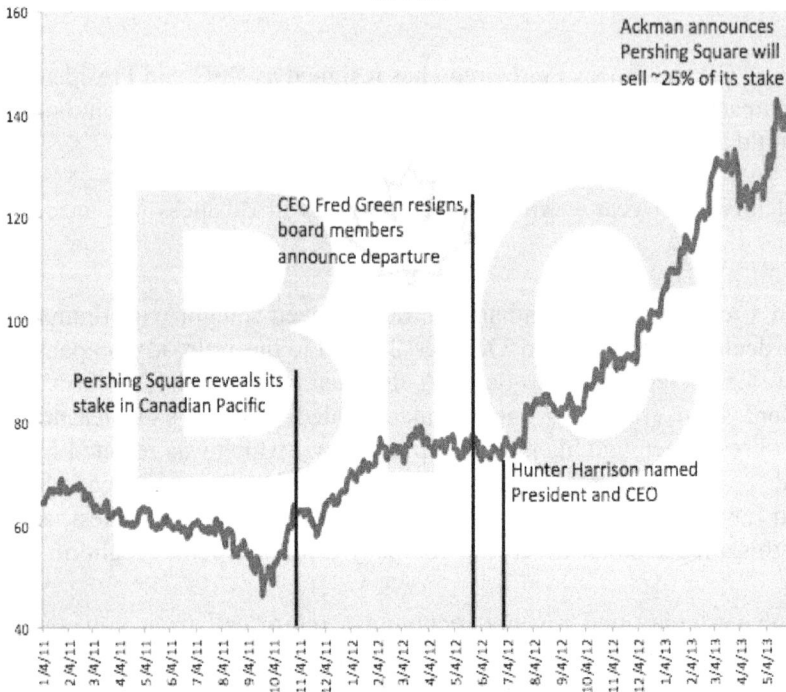

10C3. Commodity - Silver – alleged events posted on http://www.traderslog.com/hunt-brothers-silver/

In the early seventies, amidst political upheaval, inflationary pressures and stagnant economic growth, the richest family in America (at the time), the Hunt family of Texas, tried to corner the market on precious metals. As a way to hedge themselves from the rampart printing of dollars the US government was doing, the Hunts decided to accumulate large amounts of hard asset investments. Since gold could not be held by private citizens back then, the Hunt brothers focused on silver.

In 1979, the Hunt brothers, along with a group of wealthy Arabs, formed a pool buyingss silver and silver futures. The Hunt brothers used their positions in silver futures to acquire more of the physical metal. As cash was continually losing value due to inflation, the Hunts decided to settle their long silver futures contracts with delivery of silver, instead of cash settlement. Before too long, they had amassed over 200 million ounces of silver which was about half of the world's supply.

Prices soon started to appreciate. When they started, the price of silver was below $5 ounce. By late 1979/early 1980 prices had increased tenfold and were trading near $55/oz. During this rise in prices, the COMEX and Chicago Board of Trade (CBOT) only had about 120 million ounces of silver between them. As prices went higher and new buyers got into the market, the exchanges became increasingly fearful of defaulting. As the Hunts owned 77% of the world's silver, either in physical form or futures contracts, the market had been cornered.

Things began to change once Paul Volker was named Chairman of the Federal Reserve. Volker was determined to get inflation under control by raising interest rates. Couple that with changes in trading rules at the CBOT and COMEX, prices soon plummeted. Things had gotten so out of whack that COMEX only accepted liquidation orders, effectively halting silver from going higher. The CBOT set limits on the amount of silver any one entity could hold and raised margins. Not surprisingly prices came down significantly quickly and were trading near $10 by the end of March 1980.

The precipitous drop in prices meant huge losses for many speculators and ultimately forced the Hunt brothers into bankruptcy. By the mid-80s, the Hunt brothers had more than a billion dollars in liabilities they could not meet. At their peak, the Hunt brothers had held over $4.5 billion in silver on their $1 billon investment. On March 25, 1980, the Hunt brothers couldn't meet their $135 million margin call, forcing the Hunt brothers to 'shut it down.' In August of 1988, the Hunts were convicted of conspiring to manipulate the market.

It was in late March 1980 that we had "Silver Thursday", a day where the price of silver went from roughly $20/oz to $10/oz, a loss of over 50%. Ultimately, the Hunts had to be bailed out by New York banks so they could make good on their obligations. Their obligations had grown so large that the government forced the banks to issue credit so that wide spread failures could be prevented.

The Hunts had exposed themselves to huge amounts of leverage, which worked great in the beginning. It was this leverage from the futures markets that ultimately did them in. The Hunts ended up losing because they couldn't fight the Fed and the system as a whole. The exchanges changed the rules once they saw they were out maneuvered and couldn't default, which would have led to widespread failures. Not only that, but many of the regulators who helped change the rules were also short silver.

In the end, cornering a market is not only illegal but immoral as well. In a truly free market, cornering a market wouldn't work as alternative investments would gain favor. Also, as supply is taken off the market, buying the last bit of any commodity would become prohibitively expensive. If the Hunts had only bought physical silver, there was nothing that financial industry or the government could have done. Conversely, if they only bought physical silver, the market probably wouldn't have gone up that much, but they never would have had any futures contracts obligations to meet. Today, the price of silver is finally close to testing the artificial highs of the early 80s. Similar to the late 70s, inflation is spreading, political situations around the globe are precarious at best and energy prices are near highs. Position limits and daily marked to the market accounting, makes it nearly impossible to corner any market today. In the end, the Hunts tried to fight financial industry insiders and the US government, only to have the rules of the game changed in the middle of the game. But don't feel too bad for them, although they lost huge amounts of money, they still are worth several hundreds of millions of dollars, each.

10C4. Currency – Alleged events about Soros and shorting the British Pound in 1992.

Alleged events written by "KIRKUK" and posted on

http://answers.yahoo.com/question/index?qid=20130404232443AA8Nm
KK

In 1990, Great Britain joined the EMS and the rate of the pound (GBP) was fixed at the level of 2,95 (DEM) with a permissible currency corridor ± 6%. By the middle of the 1992 thanks to the ERM, a considerable decrease of the inflation tempo in European countries- members of the EMS, was reached. Nevertheless, the artificial maintenance of the currency rates in the limits of the currency corridor arose doubts of the investors. The situation got worse after the reunion of West and East Germany in 1989. The weakness of West Germany's economy brought to the incensement of the national outlay, which forced Bundesbank to issue more money. This policy brought to inflation, and Bundesbank reacted to this by uprising the interest rate. The high interest rates attracted foreign investors, this, in its turn, caused an excess demand on the Deutschemark, and resulted in the growth of its rates. The Great Britain, being bound by the EMS agreement, was to maintain its national currency rates within the fixed limits of the currency corridor versus the Deutschemark. The British economy at that time was destabilized; the unemployment rate of the country was high. The uprising of the interest rate after Germany in such conditions could only make the situation worse. But there were no other possibilities to strengthen the domestic currency rate in the near term. At that time, George Soros and many other investors considered, that the GB would not be able to maintain the domestic currency rate at the needed level, and it would have either to announce about its devaluation, or refrain from the ERM.

George Soros took a decision to contract debts for the pounds (GBP), and to sell them for the Deutschemarks (DEM), and invest them in the German assets. As a result, almost GBP 10 billion was sold. George Soros was not alone thinking in this direction, and many investors followed his actions.

As a consequence of such speculations, the unstable economical situation in Britain became even worse. The Bank of England in the attempt to set the situation right and to increase the currency rate repurchased for its reserves around GBP 15 billion. But it did not bring the desired result. Then, on the 16th of September 1992, on the day, which would further be called "Black Wednesday", the Bank of England declared about the interest rate increase from 10% to 12% in the attempt to neutralize the boom, but the expectations of the English politicians did not prove.

The investors, who sold pounds, were sure that they would gain an enormous profit after the further downfall of its rate. A few hours later the Bank of England claimed to increase the interest rate to 15%, but the traders kept selling pounds in large quantities. This continued till 19:00 of that very day, later on the Chief Secretary to the Treasury Norman Lamont pronounced, that the Great Britain was seceding the European Exchange Rate Mechanism (ERM) and the interest rate would be lowered to 10%. From that day on, the pound rate fall had started, which fell by 15% versus the Deutschemark and by 25% versus the US dollar within 5 weeks. This brought a gigantic profit to the Quantum Fund – within only one month George Soros gained around 2 billion US dollars, buying for the German assets the significantly cheaper pounds. The down falling of the pound currency rate versus the US dollar after the above described events is shown on the image. As it can be noticed, that only in September 1992 the pound fell by almost 3000 ticks!

Thus, George Soros, "the man who broke the Bank of England" showed, to what extent the Central Banks can be vulnerable to currency speculations of the large investors in the conditions of the artificially maintained currency rates. The use of the borrowed funds allowed George Soros to gather wealth within just a few weeks, which set a beginning to his charity work. As we have seen it, in order to prevent the negative influence of the currency speculations on the economy of the country, Central Banks create reserves in the form of foreign assets. But as the practice has shown, such reserves can prove to be ineffective, if they are opposed to the large capitals of the investors, who have the same goal.

Today, the currency market Forex is far more liquid than at the beginning of the 90's Therefore, no investor, even having a billion capital, will hardly be able to influence on the currency rate for a long time. "Black Wednesday" of September, 1992 is left far behind, but the historic facts should not be ignored, because the history has a tendency to recur.

10C5. Real Estate

The most recent financial collapse (of 2008) arguably started with credit derivatives on subprime mortgages. Not surprisingly, these are mortgages issued to below prime borrowers. It has been said there was little documentation supporting the possibility of repayment. It has been said the main argument for repayment was "home prices always go up, don't they"? Thus, if the borrower doesn't repay, repossess the home.

So, the loan was made, the original lender sold the loan into the pool of a structured investment. Investors bought tranches. The original lender was out and had no risk.

A wrinkle to this story is well documented. AIG sold protection on senior tranches created from these subprime mortgages. The credit derivative was on a senior tranche. They are an insurance company and as stated previously, insurance companies can only hedge, replicate and do income generation trades according to New York Insurance Law. This is not any of those trades.

They did the trades in the holding company since technically that is not an insurance company. It owns an insurance company but is not itself an insurance company.

So, earnings looked good because of the credit derivative premium AIG got. The problem was they did very many trades and didn't reserve for the potential loss if default. The credit derivatives started to be marked against AIG as the real estate market worsened. AIG did not have the liquidity to meet the margin calls.

Who was the beneficial owner of protection on these tranches? It is well documented that several large hedge fund clients of major brokerage houses bought the protection.

What follows is alleged events from High Beam Research by Rodney Ruff

http://www.highbeam.com/topics/american-international-group-aig-subprime-mortgage-crisis-t10020

Overview

New York-based American International Group (AIG) was one of a number of companies, along with Bear Stearns and Lehman Brothers, hit by the subprime mortgage crisis of September 2008. Founded in 1919 as American Asiatic Underwriters, AIG had grown into a multinational corporation doing business in 130 countries in such diverse businesses as aircraft leasing and life insurance, along with its principal business of mortgage insurance. In early 2007, AIG reported assets of $1 trillion, with $110 billion in income. It did business in 130 countries, with 116,000 employees servicing 74 million customers. Its stock was one of the 10 most widely held stocks in 401(k) portfolios.

However, since 1987, AIG, through its AIG Financial Products division, had been involved in credit default swaps (insurance contracts covering securities against losses incurred by defaulting on payments), which by 2008 had reached an estimated total of $450 billion. Also, it had contracted its securities management to companies such as ICP Asset Management and Moore Capital, which sought to make money for AIG through lending stocks and bonds owned by its life insurance subsidiaries to banks and hedge funds. The money generated from lending these securities was mostly invested in residential-mortgage-backed securities. When the value of such securities plummeted in 2008, AIG was hit hard, with credit default swaps creating a $14.7 billion share of its overall reported loss in the second quarter of $26.2 billion and another $16.5 billion in collateral on its credit default swap portfolio.

The Bailout

The staggering losses prompted Moody's to threaten to lower AIG's credit ratings if it could not raise sufficient capital to meet the capital reserve requirements for the "AAA" rating AIG had held to that point. AIG's chief executive officer, Robert B. Willumstad, met with senior executives and bankers from the Blackstone Group, Citigroup and

JPMorgan Chase, planning to raise capital and sell assets to meet Moody's requirements.

Unfortunately, the collapse of Lehman Brothers torpedoed those plans, forcing AIG to appeal to New York State insurance regulators for permission to borrow $20 billion from its subsidiaries. Although approval was granted, that amount was soon determined to be insufficient. When AIG contacted officials of the Federal Reserve Board to notify them of its situation, the necessary amount had become $30 billion. However, by the time Treasury Secretary Henry Paulson Jr. met with AIG executives on September 13, a subsequent audit of AIG's books raised the necessary amount to $40 billion, an amount raised after yet another audit by JPMorgan Chase to $65 billion.

With the threat of a government takeover looming, prospective investors backed out. A Monday morning attempt by the Fed on September 15 to line up $75 billion in bank loans failed, at which point both Moody's and Standard and Poor's lowered AIG's credit rating thus raising the amount of collateral AIG would need to produce to cover its credit default swap contracts to nearly $100 billion.

Paulson notified President George W. Bush about the situation, while aides contacted congressional leaders to arrange a briefing with leaders of both parties in both houses. Paulson and Fed Chairman Benjamin Bernanke laid out a plan to loan AIG $85 billion in exchange for 79.9 percent ownership of the company. The actual loan would be through the Federal Reserve Bank of New York, then headed by Timothy Geithner, Paulson's eventual successor as treasury secretary. Several weeks later, on October 7, the Fed pledged another $37.8 billion in loans after AIG paid $10.7 billion on its credit default swaps.

On November 10, after disclosing that it had posted $37.3 billion on the swaps, AIG received a reduced interest rate and three years to pay back its loan from the government, which had become part of a $150 billion rescue package consisting of a $60 billion loan, $50 billion to buy mortgage-linked assets, and another $40 billion in capital investments.

Restructuring and Results

The bailout permitted AIG to continue to operate, but not as it had before. It's American Life Insurance Company (ALICO) and Delaware American Life Insurance Company (DelAm) subsidiaries were sold to MetLife in 2010, taking AIG out of the international life insurance business. (The ALICO sale earned AIG $16.8 billion.) A deal to sell its

American International Assurance Group (AIA) to Prudential Financial that year for $35.5 billion fell through because Prudential shareholders would not underwrite the price. Instead, AIG took AIA public on the Hong Kong Stock Exchange in October of that year, generating another $20 billion. However, AIG did sell its Star Life Insurance and Edison Life Insurance to Prudential in February 2011 for $4.8 billion, after selling Nan Shan Life the previous month to Ruen Chen of Taiwan for $2.16 billion.

Sales of these subsidiaries enabled AIG to post earnings for the fourth quarter of 2010 of $11.2 billion, offsetting its losses in the first three quarters, and providing a sharp contrast to the $8.87 billion loss of the fourth quarter of the previous year. Overall earnings for 2010 were $7.8 billion, in contrast to the overall $10.9 billion loss in 2009.

In April 2011, AIG announced plans to sue ICP Asset Management and Moore Capital for losses suffered insuring ICP's mortgage securities. The suit asks for $350 million in damages from ICP, as well as the profits made by Moore. AIG also plans to sue banks such as Bank of America and Goldman Sachs that created the over $40 million in mortgage bonds it had purchased from them.

10D. Tax considerations

Tax issues are also a part of trading. Currently, corporations are taxed the same for capital gains and income but gains and losses don't transfer across the two. So, care is spent making sure the two baskets fill up evenly.

10E. Accounting

Earnings (on the income statement) are more important than surplus (on the balance sheet). Anything that causes earnings to fluctuate is taboo.

Derivatives are marked through earnings in GAAP accounting. Thus hedging with derivatives (where the change in derivatives in price and the change in the hedged security both go through earnings) is preferable to an outright derivative position that gets marked through earnings with no offset.

But what about a structured note? It can contain derivatives and be marked through surplus under certain circumstances! For example, a "tranche" referencing a pool of credit derivatives is marked through surplus. A structured note that has an equity derivative embedded into a corporate issuance is currently split. The note fluctuations in mark to market go through surplus but the equity derivative marks go through the income statement! The structured note is bifurcated!

10F. Industry specific applications

10F1. Securities Brokerage.

You are a broker suggesting investments to individuals and corporations. How do you use the information in this book?

Individuals typically have a large amount of equities in their portfolios. Selling calls on the equities is one way to start. If the individual believes the stock is worth holding on to but believes it will "rest" in price for awhile, sell calls and collect premium.

Another approach is to realize futures or forwards are an alternative to margined trades. Instead of borrowing on margin and buying, go long the future if the financing rate is lower than interest paid on margin. You will be long forward at a lower level than the margined trade since forwards are lower with smaller financing rates.

Of course, hedge funds and other spot settling funded investments should be added assuming they look well from a risk/return perspective.

Finally, structured assets can add protection as compared to investments in a portfolio of the same assets in the structured pool. This is because structured assets have equity tranches. That is, if only some of the pool defaults, you are better off with structure as long as the default doesn't "eat into" your tranche.

The tradeoff is severity risk. For example, if you own a tranche that starts to default after 10% of the pool is gone, the next 15% could wipe you out if that is the "width" of your tranche. Your $100 investing in the tranche is all gone if 25% defaults but only $25 of your $100 is gone if you invest in the pool.

10F2. Hedge Fund

This group is probably the broadest user of alternatives.

One of the most used trades is arbitrage. For example, suppose the future is a higher price than carry and delivery option calculations suggest. Hedge funds do a "basis trade" – they borrow and buy the cash and sell the future.

One of the earliest arbitrage credit derivative trades involved buying a bond and buying protection. If the bond experienced default concerns, the future would move more in spread than the "cash" bond and the gain on the credit derivative was greater than the loss on the bond. If nothing happened, the carry on the bond earned was often greater than the credit derivative premium. One was paid to possibly have a profit!

APPENDICES

Appendix to Chapter 2

A. Funded Alternative Security Matrix - Cash is needed on settlement

Major Value Driver	Unstructured	Structured
Interest Rates	1	8
Credit	2	9
Equity	3	10
Commodity	4	11
Currency	5	12
Real Estate	6	13
Other	7	14

Examples of Investments belonging to the cells in the matrix. These examples are looked at from the perspective of the investor, not what the entity itself invests in.

Unstructured

1. Hedge and Mezzanine Funds
2. Hedge Funds
3. Hedge Funds, Private Equity
4. Hedge Funds
5. Hedge Funds, Spot Currency Exchange, and Gold and Silver Coins
6. Hedge Funds, Real Estate Whole Loans
7. Infrastructure Funds, Mineral rights

Structured

8. CBO, CLO tranches
9. CDO tranches, Convertible bonds
10. Private Equity, Convertible bonds, ETF's
11.
12. First to default baskets
13. Tranches of CMO's (Residential), and CMBS (Commercial)
14.

Appendix to Chapter 2, Cont'd

B. Unfunded Alternative Security Matrix - Position needs minimal cash at settlement.

Major Value Driver	OTC Forwards	Options	Exchange Futures	Options	Notional on Dec/2012 OTC	Exchange
Interest Rates	1	8	15	22	489.7	22.6
Credit	2	9	16	23	25.1	
Equity	3	10	17	24	6.3	1.2
Commodity	4	11	18	25	0.5	
Currency	5	12	19	26	67.8	0.2
Real Estate	6	13	20	27	589.4	24.0
Other	7	14	21	28		

Forwards and Futures can be spot starting or deferred. Options are on the forwards. Each cell
can be structured or unstructured (a typical option). Notional sizes in trillions from WWW.BIS.Org.

Unstructured
1. Notes and Bonds, Libor Swaps, Repo's and Reverse's
2. Single Name Credit Derivatives
3. Active forward market on single "names"
4. Active forward market on single assets
5. Active forward market on single assets
6. Most RE buys 45-90 days forward
7.
8. Very active options market
9.
10. Very active options market
11. Very active options market
12. Very active options market
13.
14
15. Note, Bond and Libor futures are active
16.
17. Equity futures very active
18.
19. Trade on Philadelphia exchange
20.
21.
22. Active options markets
23.
24. Active options markets
25.
26.
27.
28.

Structured
1. Total Return Bond Swaps, TBA's
2. Index Credit Derivatives
3. S&P Total Return Swaps
4. Commodity Basket Swaps
5. Currency Basket Swaps
6. CMBX
7.
8.
9.
10. S&P 500 options are very active
11.
12.
13.
14.
15.
16.
17.
18.
19.
20.
21.
22.
23.
24.
25.
26.
27.
28.

Appendix to Chapter 7 - Section B1

1. Assume a 15M deal is financed by a capital structure of 40% equity, 60% debt. The two investors are the fund and the General Partners (GPs) in the fund. The two investors own the following at the beginning.

Type of Asset	Additional Asset Information	Asset Owner	% of Total Deal	Interest Rate	Term	Order of Payment at Deal Maturity
Debt	High Yield Bonds	Fund	60%	8%	10 Years	1
Equity	Pref Shares	Fund	30%	10%	N/A	2
Equity	Common	Fund	8%	Dividends	N/A	3
Equity	Common	GP	2%	Dividends	N/A	4

2. Assume, during the deal, the interim cashflows pay the dividends, pay the high yield coupons and partially amortize the high yield bond principal to 3.5 million.

3. Assume the deal is sold in 7 years for 17 million. What do each of the parties get?

Type of Asset	Additional Asset Information	Asset Owner	% of Total Deal	Beginning Investment $ $15,000,000	Ending Sale $ Distribution $17,000,000	IRR
Debt	High Yield Bonds	Fund	60%	$9,000,000	$3,500,000	8%
Equity	Pref Shares	Fund	30%	$4,500,000	$8,769,227	10%
Equity	Common	Fund	8%	$1,200,000	$3,784,618	18%
Equity	Common	GP	2%	$300,000	$946,155	18%

Appendix to Chapter 9 - Sections A3 & A5

Calculating Discount Factors, Term Structure, Forward yields and other yield types

1. We start with a par curve. This is the yield at each maturity of typically the latest issue of
   of bonds (since they have a close to market price of $1 for every $1 "par" one gets
   at maturity). That is, the bond yield comes from coupon, not price appreciation.

2. From the par curve, we get discount factors for cash flows occurring at different times.
   These numbers, when multiplied by the future cashflows, bring the future values back to today.
   The set of discount factors for the different times is called term structure. Below we assume
   coupons (C1, C2, ...) are paid every 6 months (but quoted annually).

6 months	1 year	1.5 years	2 years	2.5 years	3 years
C1	C2	C3	C4	C5	C6
1.5	2	2.5	3	3.5	4

df(1)	df(2)	df(3)	df(4)	df(5)	df(6)
0.992556	0.980272	0.963298	0.941831	0.916104	0.886391

Since they are par bonds, they are worth $1 today and mature at par (also $1). So:

For df(1) we have $1=(1.5/200)*df(1) + 1*df(1)$ OR,
for the 6 month discount factor, we have $df(1) = 1 / (1 + (C1 / 200))$

Consider df(2) We have $1=(2/200)*df(1) + (2/200)*df(2) + 1*df(2)$ OR,
for one year, $df(2)=(1-(C2/200)*df(1))/(C2/200 +1)$

Consider df(3) We have $1=(2.5/200)*df(1) + (2.5/200)*df(2) + (2.5/200)*df(3) + 1*df(3)$
So 1.5 year is $df(3)=(1-((C3/200)*(df(1)+df(2))))/(C3/200 + 1)$

3. Semi Annual <u>Bond Equivalent</u> Forward <u>Yields</u> (BEY Forwards)
   Note: $PV = FV * df$. Since $PV = 1$ (par bonds), $1 / df = FV$.

IN	FV of $1 today	
1	1.007500	=1/df(1)
2	1.020125	=1/df(2)
3	1.038100	=1/df(3)
4	1.061762	=1/df(4)
5	1.091579	=1/df(5)
6	1.128170	=1/df(6)

Our money in 5 years is our money after 2 years grown at the forward yield for 3 years.
We have $FV5 = FV2 * (1 + 2F3/200)^3$
This means in 2 for 3 (or 2F3) = $((FV5/FV2)^{(1/3)} - 1) * 200$

2F3 = $((1.091579/1.020125)^{(1/3)} - 1) * 200 =$	**4.564642**	See bold cell below

IN	FOR >>>> 1	2	3	4	5
1	2.506266	3.014493	3.527940	4.048095	4.576583
2	3.523996	4.040709	**4.564642**	5.097461	
3	4.558734	5.086959	5.624648		
4	5.616548	6.159686			
5	6.704258				

Appendix to Chapter 9 - Sections A3 & A5, Cont'd

4. All these rates are BEY. Other types of rates are below. Here F = Face = Par = FV

    a. Discount (dy)

$dy = ((F-P) / F) * (360 / t)$ where t is in days
$dy = 10\% = (100-90)/100$
$P = F * (1 - dy * t / 360)$

    b. Money Market
      (Sometimes called
      Add On Yield)

$AOY = ((F-P)/P) * (360 / t)$
$P = F / (1 + AOY * t / 360)$

    c. bey (bond equivalent yield)

$P = F / [(1+bey/2)^{\wedge}(2*t)]$ where t = number of years

    d. Continuous r

$P = F / e^{\wedge}(r*t)$ or $P = F * e^{\wedge}(-r*t)$

F=	100
r (.1=10%)=	0.1
t=	1
P=	90.4837

Since $e^{\wedge}(r*t) = (1+bey/2)^{\wedge}(2*t)$ $r = \ln[(1+bey/2)^{\wedge}(2t)] / t$
Thus, $e^{\wedge}[(r*t)/(2*t)] = (1+bey/2)$ $bey = ((e^{\wedge}(r/2)) - 1) * 2$
                                            $bey = $ 0.1025
That is, a 10% continuous yield is a 10.25% bey yield. Proof:

F = $1 * e^{\wedge}(r*t)$.	FV
For r = 10% & t = 1 year, FV=	1.105171

F = $(1+bey/2)^{\wedge}(2*t)$	FV
For bey = 10.25% & t = 1 year, FV=	1.105171

Appendix to Chapter 9 - Section A4

1. Multiple regression used to calculate discount factors

Consider a matrix of securities as rows and the associated cash flows of coupon and par as columns. For example, let MP1 = the market price of security 1, MP2 = the market price as security 2, etc.

Months	0-6	6-12	12-18	18-24	24-30
Market price today					
MP1 = 100.1	$1	$1	$100	0	0
MP2 = 99.5	$1.5	$1.5	$1.5	$100	0
MP3 = 97.8	$2	$2	$2	$2	$2
Coefficients >>>	C1	C2	C3	C4	C5

Multiple Regression solves for the coefficients (C1, C2, ...) to create fitted prices. The Fitted Prices are the sum of the coefficients times the cash flows. For example

Fitted Price
FP1 =	C1 * $ 1	+ C2 * $ 1	+ C3 * $ 100	+ C4 * $ 0	+ C5 * $ 0
FP2 =	C1 * $ 1.5	+ C2 * $ 1.5	+ C3 * $ 1.5	+ C4 * $ 100	+ C5 * $ 0
FP3 =	C1 * $ 2	+ C2 * $ 2	+ C3 * $ 2	+ C4 * $ 2	+ C5 * $ 2

Multiple Regression solves for the C1 - C5 such that the fitted prices are close to the market prices. It solves for the C1 - C5 such that the sum of $(MP1 - FP1)^2$ + ...$+(MP3 - FP3)^2$ is minimal.

Notice that each time period has only one coefficient across securities. This is a value similar to the discount factors calculated in 9A5. Similar in that the coefficients multiply future values to get present values. Different in that all securities influence the coefficients.

2. Interpolation techniques (A note)

It is difficult to find a set of securities that have cash flows with exact date matches. The "solution" of shrinking the time "buckets" might cause too few cash flows per bucket. Instead, interpolation techniques are used to adjust (slide) the cash flows in time.

Appendix to Chapter 9 - Sections A7a & A7b

Macaulay Duration as a measure of price sensitivity -
It is the percentage price change for a given percentage rate change

Price plus accrued interest is the present value of future flows (C(i)).

$PV(0) = \text{sum}(i=1 \text{ to } N) \text{ of } \{ C(i) / (1+r)^i \}$
Where PV(0) is todays price plus accrued

$dPV(0) / dr = \text{sum}(i=1 \text{ to } N) \text{ of } \{ [-C(i) * i * (1+r)^{\wedge}(i-1)] / [(1+r)^{\wedge}(2i)] \}$
$\qquad = (1/(1+r)) * \text{sum}(i=1 \text{ to } N) \text{ of } \{ [-C(i) * i] / [(1+r)^i] \}$
$\qquad = - \text{sum}(i=1 \text{ to } N) \text{ of } \{ [PV(i) * i] / [1+r] \}$

This gives us a measure of price sensitivity (change in price or dPV(0)) for a change in rates (dr). However, Macaulay duration is the **percentage** change in price for a **percentage** change in rates. Thus, we have to multiply above by $(1+r) / PV(0)$.

Finally, Macaulay duration $= t = (dPV(0) / PV(0)) / (dr / (1+r))$

For example

$t=12$ (12 six month periods or 6 years), $PV(0) = \$124.234$
$1+r = 1.01$, $dr = .0001$ (a basis point in yield)

$dPV(0) = t * PV(0) * dr / (1+r) = \$0.1476$ Equation 1

Thus, $100 par bond, priced at $124.234 moves $0.1476
with a basis point movement (.0001) in yield if the duration is 6 years.

Appendix to Chapter 9 - Sections A7a & A7b, Cont'd

Macaulay Duration as a measure of time to minimum risk

The value of an investment in the future, $V(T)$, is the value of the reinvested coupons and the price at T. Let these cashflows be $C(i)$.

$$V(T) = \text{sum}(i=1 \text{ to } N) \text{ of } \{ C(i) *(1+r) \wedge (T-i) \} \qquad 0<T<N \text{ Equation 2}$$

For example, assume N is 3 and coupons are paid every 6 months..

$$V(1) = C(1) + C(2)/(1+r) + C(3)/((1+r)^2) \qquad T=1 \text{ and } N=3$$
$$V(2) = C(1) * (1+r) + C(2) + C(3)/(1+r) \qquad T=2 \text{ and } N=3$$
$$V(3) = C(1)*(1+r)^2 + C(2)*(1+r) + C(3) \qquad T=3 \text{ and } N=3$$

If T=1, we have just received the first coupon and the price is the sum of the other two terms. If T=2, we have received the first coupon, reinvested it for one period, received the second coupon and the price is the third term. If T=3, our worth is reinvested coupons and the final cash flow.

Assuming T=1, if rates go up, our worth goes down. If T=3, if rates go up, our worth goes up. Somewhere there is a balancing and we don't care if rates go up or down. We are "immunized" to rate movement.

We want to minimize the change in $V(T)$ with respect to rates.
To find that balance point, take the derivative of $V(T)$ - Equation 2 - with respect to rates r and set it to 0.

$$dV(T) / dr = \text{sum}(i=1 \text{ to } N) \text{ of } \{ (T-i) * C(i) * (1+r) \wedge (T-i-1) \} = 0$$
$$= \text{sum}(i=1 \text{ to } N) \text{ of } \{ C(i)* (1+r) \wedge (-i) * (T-i) * (1+r) \wedge (T-1) \} = 0$$
$$= \text{sum}(i=1 \text{ to } N) \text{ of } \{ PV(i)* [T * (1+r) \wedge (T-1) - i * (1+r) \wedge (T-1)] \} = 0$$

Setting one side equal to the other and dividing both by $(1+r) \wedge (T-1)$
$$\text{sum}(i=1 \text{ to } N) \text{ of } \{ PV(i)* T \} = \text{sum}(i=1 \text{ to } N) \text{ of } \{ PV(i) * i \}$$

$$T = \text{sum}(i=1 \text{ to } N) \text{ of } \{ [PV(i) * i] \} / PV(0) \qquad \text{Equation 3}$$

That is, the time to hold the security to minimize the rate risk is T and is found by weighting present values by time.

Appendix to Chapter 9 - Sections A7a & A7b, Cont'd

In the 7 year bond example below, assume $(1+r)=$ 1.0101
Also assume an annual coupon of $5.750

i	C	PV (i)	From Equation 3 PV(i)*i / PV0	& Equation 2 C(i) * $(1+r)^{\wedge}(12-i)$
1	$2.875	$2.846	0.023	$3.211
2	$2.875	$2.818	0.045	$3.179
3	$2.875	$2.790	0.067	$3.147
4	$2.875	$2.762	0.089	$3.116
5	$2.875	$2.734	0.110	$3.085
6	$2.875	$2.707	0.131	$3.054
7	$2.875	$2.680	0.151	$3.023
8	$2.875	$2.653	0.171	$2.993
9	$2.875	$2.626	0.190	$2.963
10	$2.875	$2.600	0.209	$2.933
11	$2.875	$2.574	0.228	$2.904
12	$2.875	$2.548	0.246	$2.875
13	$2.875	$2.523	0.264	$2.846
14	$102.875	$89.373	10.072	$100.828

Sum=PV(0)=   124.234

Sum=T=   11.996

V(T) = V(12) = $140.157

What would be our expected floor return if we held that time period? We want PV(0) and V(12). This is a 6 year period (12 semiannual).

PV(0)= sum of the PV(i)'s = $124.234
    and V(T)= $140.157

The MINIMUM pre tax return we should get over the holding period is
    [V(T) - PV(0)] / PV(0) =   12.82%
This rate, expressed as an annual bey, compounded semi annually is = 2.02%

Is it a minimum? Assume we hold for 12 periods and 1+r is actually different values. Below we see 1.01 is the floor.

(1+r)	V(T)
1.00	$140.25
1.01	$140.16
1.02	$140.26

What happens with multiple shifts, not just one?

There are two sectors, stocks and bonds
The fund is fully invested in the two asset classes.

Months	Fund Weight Stocks FW(1)	Fund Return Stocks FR(1)	Fund Weight Bonds FW(2)	Fund Return Bonds FR(2)	Index Weight Stocks IW(1)	Index Return Stocks IR(1)	Index Weight Bonds IW(2)	Index Return Bonds IR(2)	Fund Return FW(i)*FR(i) (A)	Fund Weights & Index Returns FW(i)*IR(i) (B)	Index Return IW(i)*IR(i) (C)	Bottom Up A-B	Top Down B-C	A-B + B-C = A-C
1	0.6	0.70%	0.4	0.50%	0.5	0.40%	0.5	0.20%	0.62%	0.32%	0.30%	0.30%	0.02%	0.32%
2	0.5	0.80%	0.5	0.60%	0.5	0.40%	0.5	0.20%	0.70%	0.30%	0.30%	0.40%	0.00%	0.40%
3	0.7	0.20%	0.3	1.20%	0.5	0.40%	0.5	0.20%	0.50%	0.34%	0.30%	0.16%	0.04%	0.20%
4	0.5	0.30%	0.5	-0.20%	0.5	0.40%	0.5	0.20%	0.45%	0.30%	0.31%	0.15%	0.00%	0.15%
5	0.7	0.60%	0.3	0.60%	0.55	0.40%	0.45	0.20%	0.36%	0.34%	0.31%	0.02%	0.03%	0.05%
6	0.1	0.40%	0.9	0.60%	0.55	0.40%	0.45	0.20%	0.58%	0.22%	0.31%	0.36%	-0.09%	0.27%
7	0.3	0.50%	0.7	1.50%	0.55	0.40%	0.45	0.20%	1.20%	0.26%	0.31%	0.94%	-0.05%	0.89%
8	0.4	0.80%	0.6	0.90%	0.55	0.40%	0.45	0.20%	0.86%	0.28%	0.31%	0.58%	-0.03%	0.55%
9	0.9	0.50%	0.1	0.50%	0.55	0.40%	0.45	0.20%	0.50%	0.38%	0.31%	0.12%	0.07%	0.19%
10	0.3	0.20%	0.7	0.70%	0.6	0.40%	0.4	0.20%	0.55%	0.26%	0.32%	0.29%	-0.06%	0.23%
11	0.2	0.90%	0.8	-0.60%	0.6	0.40%	0.4	0.20%	-0.30%	0.24%	0.32%	-0.54%	-0.08%	-0.62%
12	0.5	0.10%	0.5	0.40%	0.6	0.40%	0.4	0.20%	0.25%	0.30%	0.32%	-0.05%	-0.02%	-0.07%
									6.27%		3.71%	2.73%	-0.17%	2.56% < Sums

Fund - Index Return = 2.56%

Sum (A-C) = Alpha **2.56%**

242

Appendix to Chapter 9 - Section D1a

Open form option pricing -The hedging approach

Suppose one believed that assets could be two different levels in the future (based on volatility and the forward). Could one hedge that with options? If we sold calls, what is the hedge ratio so that you got the same ending value in both cases? That would mean you were hedged.

Step 1 Set expiration ending values equal regardless of market movement

h * P1 - MAX (P1 - K,0) = h * P2 - MAX(P2 - K,0)
or h = (MAX (P1 - K , 0) - MAX(P2 - K,0)) / (P1 - P2)

h = hedge ratio (to solve for)
P1 = Asset Price in the future in state 1
K = Call strike price
P2 = Asset Price in the future in state 2

Step 2 Present value one ending value to get option price today

(h*P1 - MAX (P1 - K,0)) / (1+r) = h*P0 - C0

C0 = sold call premium (to solve for)
r = rate for assets that have no market risk in the future
P0 = Asset Price at time 0

Example

Step 1	Step 2
P1 = 101	r = .002 = .2/100 = .2%
K = 100	P0 = 100
P2 = 99	
P0 = 100	
h = (1 - 0)/2 h = .5	C0 = 50 - ((50.5 - 1) / (1.002)) ; C0 = 0.5988

We have sold a 1 period option and to buy it back today would cost $0.5988

But are we hedged? Consider the end value defined in Step 2.
(h*P1 - MAX (P1 - K,0)) Below shows we have the same value with P1 and P2.

For P1, .5*101 - MAX (101 - 100, 0) = 49.5
For P2, .5*99 - MAX (99 - 100, 0) = 49.5

Appendix to Chapter 9 - Section D1b

Open form option pricing with continuous ending periods. Suppose:
1. You want to calculate the cost of a one year European call option on a 30 year bond.
2. The current price is $99.5 per $100 par. This is also the call "strike price".
3. The bond accrued is $.25 (we are just past a coupon date)
4. The coupon is 5% and the borrowing cost is 4%.
5. The day count convention for the bond coupon is 30/360 and the borrowing cost is actual/360.
6. The Discount Factor is from the borrowing cost pv*(1.04) = FV. Thus, DF = 1/1.04 = .9615
7. The standard deviation is 8%.

Step one. Calculate a forward price given we borrow $99.75 (Price + accrued) today.
1. Money to be earned from coupon = par * coupon rate * time (using day count convention)
   = $100 * .05 * 360 / 360 = $5.
2. Money to be paid to borrow money to buy the bond = (P+A) * borrowing rate * time
   = $99.75 * .04 * 365/360 = $4.0454
3. So, today we borrow $99.75. Over the term, we earn the coupon & pay the financing costs.
   Forward Price =$99.75 + $4.0454 - $5 = $98.7954 = Where we center the distribution.
4. Proof forward price is correct
   In one year, we deliver the bond and get $98.7954. We earn $5 on the coupon = $103.7954.
   We pay borrowing costs of $4.0454 and have $99.75 to pay back amount initially borrowed.
5. So, FP = Spot (P+A) + Borrowing Cost - Coupon earned.

Step two. Spread a distribution about the forward price.
1. Assume prices form a symmetric distribution (not a Black Scholes assumption but we will get there).
2. Assume the symmetric distribution is normal. This means approximately 66 2/3% of the scores will lie within one standard deviation of the mean.
3. Volatility is the standard deviation and is a percent of the forward price.

Step three. Define expiration payoffs and associated probability of the payoffs.

Step four. Present value probability weighted payoffs across forward prices and sum.
   The option premium is about $2.56 per $100 par paid today.

Y Axis

Probability of X				
0.3989			X	
0.242				X
0.054		X		
0.0044	X			X

X Axes	-3 Std Dev	-2 Std Dev	-1 Std Dev	The Fwd	1 Std Dev	2 Std Dev	3 Std Dev
Probability of X (Standard Normal Distribution)	0.004	0.054	0.242	0.399	0.242	0.054	0.004
Cumulative Probabilities of X	0.004	0.058	0.300	0.699	0.941	0.995	1.000
Forward Prices	75.095	82.995	90.895	98.795	106.695	114.595	122.495
Payoffs at Expiration (call struck at 99.5)	0.000	0.000	0.000	0.000	7.195	15.095	22.995
Probability * Option Payoffs	0.000	0.000	0.000	0.000	1.741	0.815	0.101
Present Value of Probability * Payoffs	0.000	0.000	0.000	0.000	1.674	0.784	0.097

Option Premium is the Sum = 2.5554

Appendix to Chapter 9 - Section D1c

Open form option pricing - The Binomial Approach

1. Cox and Rubinstein (1985) presented the following analysis.

Assume we own a stock and bond portfolio. If we are all in stock, we replicate a deep in the money call.

If we are in bonds that earn a sure rate (riskless) rate over the period, we are indifferent to the market like an out of the money call.

So, we can replicate a call varying the amount of stocks and bonds.

Let:
[1] $h * (1+u) * S + B * (1+r) = Cu$
[2] $h * (1+d) * S + B * (1+r) = Cd$

h = the amount of stock held in the two states = the hedge ratio mentioned above.
u = stock upward movement. For example .01
d = stock downward movement. For example -.01
S = stock price before the movement
B = the amount held in bonds
r = the riskless interest rate over the time period the move takes place
Cu = worth of Call in up scenario
Cd = worth of call in down scenario

Since h is an unknown but the same value in both equations, we can subtract [1] - [2].
[3] $[1]-[2] = Cu-Cd = h*(1+u)*S - h*(1+d)*S$; $h = (Cu - Cd) / ((1+u)-(1+d))*S$
Or $h=(Cu - Cd) / ((u-d) * S)$
h = the change in the option price/the change in the stock price = the "delta".
We want to get an expression for B, the amount of cash we must hold. From [1] we have
[4] $h * (1+u) * S + B * (1+r) = Cu$
Inserting h, $((Cu-Cd)/ ((u-d)*S)) * (1+u) * S + B * (1+r) = Cu$
$B*(1+r)= (Cu * (u-d)/(u-d)) - (Cu +u*Cu -Cd -u*Cd) / (u-d)$
Or $B = ((1+u)*Cd - (1+d)*Cu) /((u-d) * (1+r))$
We now have expressions for h and B, the amount of stock and cash we need to replicate the call. We want C0 (the call worth "today"). At the prior node to the current up or down node, we have
[5] $C0 = S * h + B$
$C0 = (Cu-Cd)/(u-d) + ((1+u)*Cd - (1+d)*Cu) / ((u-d) *(1+r))$
The numerator terms of the right side over a common denominator of (u-d)*(1+r) is:
$(1+r)*Cu - (1+r)*Cd + (1+u)*Cd - (1+d)*Cu$
Collecting terms
$C0 = ((r-d)*Cu + (u-r)*Cd) / ((u-d) * (1+r))$
[6] $C0 = [((r-d)/(u-d)) * Cu + ((u-r) / (u-d)) * Cd] / (1+r)$
If we define the multiplier of Cu as P, the multiplier of Cd is 1-P since
$P = (r-d)/(u-d)$ AND $1-P = (u-d) / (u-d) - (r-d) / (u-d) = (u-r)/(u-d)$
We can write [6] as
[7] $C0 = (P * Cu + (1-P) * Cd) / (1+r)$

2. For example

Steps
1. Calculate matrix of Stock Prices
2. Get ending call prices
3. Use above equation [7] for call prices
4. The matrix is continued on the next page

Stock Price	100.000000
Call Strike	100.000000
1+r	1.000027 (1=.01/365)
1+u	1.010000
1-d	0.990000
P	0.501370
1-P	0.498630

0
Stock Price 100.00
C0 Price 0.75

1(u)
Stock Price 101.00
Call Price 1.26

1(d)
Stock Price 99.00
Call Price 0.25

2(uu)
Stock Price 102.01
Call Price 2.01

2(du or ud)
Stock Price 99.99
Call Price 0.50

2(dd)
Stock Price 98.01
Call Price 0.00

3(uuu)
Stock Price 103.03
Call Price 3.03

3(uud)
Stock Price 100.99
Call Price 0.99

3(udd)
Stock Price 98.99
Call Price 0.00

3(ddd)
Stock Price 97.03
Call Price 0.00

3. Using the binomial probability distribution for short periods

$N = 3$ $(1+r)^3 = 1.0001$

# of Ups =U	$\frac{N!}{(N-U)!U!}$	P^U	$(1-P)^{(N-U)}$	Call Terminal Value =Max(S-K,0)	Probability times Terminal Value
0	1	1.0000	0.1240	0.0000	0.0000
1	3	0.5014	0.2486	0.0000	0.0000
2	3	0.2514	0.4986	0.9899	0.7445
3	1	0.1260	1.0000	3.0301	1.1457
				C0 =	**1.8900**

	Stock Price	100.000	P	0.501	
	Call Strike	100.000	1-P	0.499	
	1+r	1.000	N	30.000	
	1+u	1.010	$(1+r)^N$	1.001	C0 =
	1+d	0.990			2.22

# of Ups = U	N! / (N-U)! U!	P ^ U	$(1-P)^{(N-U)}$	Ending Call =Max(S-K,0)	Probability * Terminal Value
0	1	1.0000	0.0000	$0.00	$0.00
1	30	0.5014	0.0000	$0.00	$0.00
2	435	0.2514	0.0000	$0.00	$0.00
3	4,060	0.1260	0.0000	$0.00	$0.00
4	27,405	0.0632	0.0000	$0.00	$0.00
5	142,506	0.0317	0.0000	$0.00	$0.00
6	593,775	0.0159	0.0000	$0.00	$0.00
7	2,035,800	0.0080	0.0000	$0.00	$0.00
8	5,852,925	0.0040	0.0000	$0.00	$0.00
9	14,307,150	0.0020	0.0000	$0.00	$0.00
10	30,045,015	0.0010	0.0000	$0.00	$0.00
11	54,627,300	0.0005	0.0000	$0.00	$0.00
12	86,493,225	0.0003	0.0000	$0.00	$0.00
13	119,759,850	0.0001	0.0000	$0.00	$0.00
14	145,422,675	0.0001	0.0000	$0.00	$0.00
15	155,117,520	0.0000	0.0000	$0.00	$0.00
16	145,422,675	0.0000	0.0001	$1.87	$0.25
17	119,759,850	0.0000	0.0001	$3.93	$0.44
18	86,493,225	0.0000	0.0002	$6.02	$0.49
19	54,627,300	0.0000	0.0005	$8.17	$0.42
20	30,045,015	0.0000	0.0010	$10.35	$0.30
21	14,307,150	0.0000	0.0019	$12.58	$0.17
22	5,852,925	0.0000	0.0038	$14.86	$0.08
23	2,035,800	0.0000	0.0077	$17.18	$0.03
24	593,775	0.0000	0.0154	$19.54	$0.01
25	142,506	0.0000	0.0308	$21.96	$0.00
26	27,405	0.0000	0.0618	$24.42	$0.00
27	4,060	0.0000	0.1240	$26.94	$0.00
28	435	0.0000	0.2486	$29.50	$0.00
29	30	0.0000	0.4986	$32.12	$0.00
30	1	0.0000	1.0000	$34.78	$0.00

Appendix to Chapter 9 - Section D2

1. The Black-Scholes Equation for European calls on stocks with no dividends

	For example
S(t) = Stock price today	100.0000
T-t= time (in years) from today (t) to option expiration (T)	1.000000
r = the "riskless" interest rate (Libor) over period (T-t) Note: .01 = 1%	0.0100
K=Strike price	101.0000
vol=implied volatility	0.1900
d1 = (ln (S(t)/K) + (r + .5*vol^2) * (T-t))) / (vol * (T-t)^.5)	0.095261
N(d1) Note: N(d1) is the cumulative probability under the normal curve	0.537946
d2=d1 - vol * (T-t)^.5	-0.094739
N(d2)	0.462261
C(t) = S(t) * N(d1) - K * e^(-r*(T-t)) * N(d2)	7.5708

Noteworthy Excel Functions

N(d1) = .537946 = Normdist(d1,0,1,True)

N(d2) = .462261 = Normdist(d2,0,1,True)

Appendix to Chapter 9, Section D2, Cont'd

Visual Basic code for option pricing (Calls, then Puts)

```
Function CP(DY, S, K, VOL, R, T)
 CP = call price (USD per share) / DY = dividend yield (.01 = 1%)
 S = today's stock price (100=$100 per share)
 K = strike of option (100 = $100 per share)
 VOL = Implied volatility (.19 = 19%)
 R = security financing rate from today to option expiration (.01=1%)
 T = time from today to option expiration in years ( .25 = three months)
'
If T = 0 Then
    CP = Application.Max(0, S - K)
    GoTo 100
End If
EXDY = 2.71828183 ^ (DY * T)
EXR = 2.71828183 ^ (R * T)
D1 = (Application.Ln(S / K) + (R - DY + ((VOL ^ 2) / 2)) * T) / (VOL * T ^ 0.5)
D2 = D1 - (VOL * (T ^ (0.5)))
ND1 = Application.NormDist(D1, 0, 1, True)
ND2 = Application.NormDist(D2, 0, 1, True)
'
CP = (S * ND1 / EXDY) - (K * ND2 / EXR)
100 End Function
```

```
Function PP(DY, S, K, VOL, R, T)
'
If T = 0 Then
    PP = Application.Max(0, K - S)
    GoTo 100
End If
EXDY = 2.71828183 ^ (DY * T)
EXR = 2.71828183 ^ (R * T)
D1 = (Application.Ln(S / K) + (R - DY + ((VOL ^ 2) / 2)) * T) / (VOL * T ^ 0.5)
D2 = D1 - (VOL * (T ^ (0.5)))
NMD1 = Application.NormDist(D1 * (-1), 0, 1, True)
NMD2 = Application.NormDist(D2 * (-1), 0, 1, True)
'
PP = (K * NMD2 / EXR) - (S * NMD1 / EXDY)
100 End Function
```

EXERCISES

Exercises for Chapter 1

7. If you were an issuer, what questions would you ask before you raised money for a new project? Project questions and traditional market questions.

8. As an issuer, what aspects of the projects would make you choose (say) stocks instead of bonds?

9. If you were an issuer, what is the effect on your financials of raising money using traditional assets?

10. If you are an individual investor, would you buy traditional assets and put them in your broker account or would you buy mutual funds?

11. If you are a corporation, how would you invest differently in your different divisions - holding company, operating company, etc.?

12. Choose low, medium and high risk

    a. What are the different categories of risk you can think of (interest rate?)

    b. How would you pool those categories to get one measure of risk?

    c. What traditional asset mix would you choose in the different risk levels to maximize return?

Exercises for Chapter 2

8. Assume the following data - do interest rate differentials explain the currency quote?

FX forwards are quoted in points. These are to be added or subtracted to Spot to determine levels. When would points be added? When subtracted? Hint: The rates need "help" from the currency levels.

	Points bid	Points offer	
1M	1.160	1.560	
2M	2.710	2.830	
3M	4.200	4.800	
	Levels bid	Levels offer	
Spot	1.3260	1.3260	USD/EUR
1M	1.3261	1.3262	USD/EUR
2M	1.3263	1.3263	USD/EUR
3M	1.3264	1.3265	USD/EUR
1M	0.190%	0.200%	USD Libor
2M	0.230%	0.240%	USD Libor
3M	0.270%	0.270%	USD Libor
1M	0.131%	0.131%	Euribor Rate
2M	0.182%	0.182%	Euribor Rate
3M	0.228%	0.228%	Euribor Rate

The Euro Investment. Do all "today"
1. Again start with $100 USD.
2. Spot convert to EURO
3. Invest in Euribor
4. Forward sell the Euro back to USD

For example, the one month future value is
100 USD / 1.3260 USD/EUR *
(1+.131%) * 1.3261 USD/EUR

The Euro results:
100.1398 USD Future Value
100.2025 USD Future Value
100.2597 USD Future Value

US Dollar investments

1M	100.1900	USD Future Value
2M	100.2300	USD Future Value
3M	100.2700	USD Future Value

The USD and EURO results are close for the same maturity

Exercises for Chapter 2, Cont'd

1. **Consider the Following Commodity Data for Dec 2013 Corn**

Exch	Contract Size	Quote (Points)	$ per Point	Contract Value	per bushel
CBOT	5000 bushels	478	$50	$23,900	$4.78

    d. How is contract value calculated?

    e. A farmer wants protection for corn prices falling. He estimates he will grow 75,000 bushels and sell in Dec 13. Should he go long or short the future and how many?

    f. After he trades, the futures go up to 480. How much has the trade made or lost him?

2. **What would you look for in an ideal LBO candidate?**

3. **As a venture capitalist, what is your business plan to develop the following idea?**

    a. A new computer application that is like angry birds but involves frisby's.

    b. A new type of steel.

4. **What hedge fund would you run. Develop market material for your investor.**

5. **What are the risks in Mezzanine funds vs senior bond funds?**

6. **Create a structured note from a pool of**

    a. an "unfunded" security like a derivative

    b. b. a "funded" security like a mortgage

    c. What are the challenges/differences in the two different structured notes?

Exercises for Chapter 3

1. What is the difference between going long vs going short a forward?

2. Explain the difference between selling a call and buying a put option on the same stock.

3. Make a gain/loss graph at expiration of a sold call struck at 67.5. Graph from 60-70 on the X axis. Assume the call is bid 1.13 and offered at 1.14. Assume current market for the underlying stock is 66.37.

4. Make a gain/loss graph at expiration of a long put struck at 67.5 Assume the put is on the same stock as above. Graph from 60-70 on the X axis. Assume the put is bid 2.25 and offered at 2.27. Assume current market for the underlying stock is 66.37.

5. What is the intrinsic and time value of the above two positions?

6. What is the difference between American and European options?

7. What tests would you perform to see if the following futures are mis-priced?
   a. S&P 500 stock future
   b. Corn future
   c. Gold
   d. EuroDollar Future

8. Assume the following data
   a. What is the probable fair market forward price?

   Thus, Spot + financing - coupon = $89.845

   Check - buy bond and sell forward

-$92.000	Paid to buy bond
-$0.345	Paid to finance bond ($92 * .015/4)
$89.845	Price bond sold through forward sale
$2.500	Accrued interest earned at sale
$0.000	Sum

   b. Should you enter into a forward or finance yourself?

   Assume self-financing doesn't significantly affect balance sheet.

Buy bond by self-financing and sell forward in the market

-$92.000	Paid to buy bond
-$0.403	Paid to finance bond
$89.845	Price bond sold through forward sale
$2.500	Accrued interest earned at sale
-$0.058	Sum

Note - loss due to higher financing rate

$0.345	Market assumed cost
-$0.403	Company cost
-$0.058	Sum

9. **If the company is bullish on the bond, what should they do?**

10. **What should be the difference in a three month put and call premium struck at the forward price? What is equivalent to that position?**

11. **What are some other ways to generate the same payoff patterns at expiry?**

    a. Long a forward and long a put struck at the forward.
    b. Long a forward and sell a call at the forward.
    c. Long a put and sell a call, both struck at the forward.
    d. Long a forward, sell a put and buy a call both at the forward.
    e. Long a call and sell a put, both 10 points OTM from spot

Exercises for Chapter 4

1. Describe the basic steps in Exchange execution.

2. Describe the credit risk exchange members take when they trade on behalf of their clients. How do exchange members mitigate that credit risk?

3. What are the pro's and con's of exchanges going to electronic execution?

4. What are the pro's and con's of exchange execution and the current "bi-lateral" OTC model?

5. Google Dodd-Frank. Is it creating an OTC market that has dealers "too big to fail? Do you think it is solving the 2008 issues?

6. Build your own execution system that is fair, transparent and economical.

7. What is the difference between hedging, speculation and arbitrage?

8. Compare OTC forwards and exchange traded futures contracts and list at least four differences.

9. In the Chicago Board of trade's corn futures contract, the following delivery months are available; March, May, July, September and December.

    State the contract that should be used for hedging when the expiration of the hedge (or target date) is a) April, b) July, c) January.

10. Does a perfect hedge lock in spot price or forward price or neither?

Exercises for Chapter 5

1. **What futures position is similar to the following trade?**
   a. Repo
   b. Reverse
   c. Lend

2. **Suppose you were a corporate treasurer. You issue fixed rate debt.**

   What trade would you do to protect yourself against rates rising and your debt costs increasing because you must pay a higher coupon for the same amount of proceeds coming from the issuance?

3. **Suppose you are buying another company. What are your risks?**
   How would you hedge those risks?

4. **What are the risks associated with securities lending?**
   Design a lending program to protect yourself against those risks.

5. **What does the existence of swaps suggest about Libor?**
   Is there only 3 month Libor or does it have varying maturities? If Libor has varying maturities, how are they linked to 3 month Libor?

6. **Each of the following pays you if rates go down. What are the unique risks to each?**
   a. Repo
   b. Long a future
   c. Receive fixed spot start
   d. Receive fixed forward starting
   e. Lend a security and invest in another security of longer maturity than the cash received from the lend.

7. **Cash plus a future is a bond. Why? What is the maturity of the cash investment to make that true?**

8. **If cash plus a future is a bond, how does that relate to a Repo?**

Exercises for Chapter 6

1. **Under what conditions would you want to buy credit default protection?**

   Under what conditions would you sell protection?
   Instead of buying protection, when would you just sell the security?

2. **In what ways is selling protection like securities lending?**

3. **In what ways is selling protection on a corporate bond and buying a treasury similar to buying a corporate bond? How are they different?**

4. **Assume the buyers (of protection) think the possibility of default is further away in time than the sellers. Assuming equilibrium pricing, in what ways does that affect the single period pricing equation?**

5. **You can buy protection "forward". That is, the period starts in the future and ends further in the future.**

   Assume four year premiums are $3 per $100. If one year premiums are $1, what is the fair on year forward for three years neglecting present values?

6. **When might you buy an option on buying or selling protection?**

Exercises for Chapter 7

1. List some factors why equity futures only go on in time for a short period.

2. Why do equity forwards/futures increase in price as time increases?

3. Name some factors why most academic pricing literature is stock related when corporations mainly buy bonds.

4. What is different about commodity forward pricing?

Exercises for Chapter 8

1. **Structured paper requires a team to issue it. What do you think are the roles of the following players assuming the issuer is bringing a CMO deal to the market?**
   a. Mortgage originator
   b. Broker / Dealer
   c. Rating Agency
   d. Trustee
   e. Securities Lawyer
   f. Investor

2. **The normal yield curve is upward sloping - yields go up as maturities increase.**

   How does that help explain how trenched structured paper is economical to produce?

3. **Compare and contrast investing in mutual funds and investing in structured paper.**

4. **How is risk reduced in structured paper?**

5. **What are the advantages and disadvantages of pro-rata vs waterfall?**

6. **If you were the rating agency, what would cause you to rate a tranche highly?**

7. **As an investor buying trenched paper, what would you look for ?**

Exercises for Chapter 9

18. **Why are future cash flows worth less today than the amount of the cash flow itself?**

    Under what conditions would they be worth more?

19. **Suppose you believe rates are going down tomorrow and stay down. Should you present value using today's rate or the lower rate of tomorrow?**

20. **Why don't equities have term structure?**

21. **What is the relationship between discount factors and forward rates? Prove it.**

22. **Describe the two basic properties of Macaulay duration. What are the limitations   of using these concepts in the "real world."**

23. **Why is duration not used as a measure of risk with equities?**

24. **What is the difference between standard deviation and beta as risk measures?**

25. **Could bonds have betas?**

26. **Define a security and calculate all the return measures.**

27. **Define "top-down" and "bottom-up" measures of performance. How are the two measures calculated?**

28. **What is the essence of the arbitrage argument in option pricing?**

29. **What are the six fundamental variables in option pricing?**
    a. Which four essentially define the forward price?
    b. Which two are unique to option pricing?

30. **Define the basic steps in the binomial approach to option pricing.**

31. **What must the means of the prices be at any point in time across scenarios to avoid arbitrage when using the binomial approach?**

32. **What are the factors of a bond that would reduce convexity?**

33. **An investor has $100,000 to invest.**
    What will this grow to in one year at 10% using:

    a) annual compounding
    b) monthly compounding
    c) semi-annual compounding
    d) quarterly compounding
    e) continuous compounding

34. **Why are the answers different in the above question?**

Exercises for Chapter 10

One. Examples of Interest rate opportunities

1. You are a corporate treasurer.

    a. What are your considerations as to what debt you will issue in the future? (5y, 10y, Fixed,etc.)

    b. How will you hedge the debt.

    c. Calculate a hedge ratio.

    d. Calculate the "cost" of the hedge.

    e. Why is cost in quotes above?

2. Most derivatives can be assigned. What is that? Why is it valuable?

3. You are a mortgage banker.

    a. What is the problem a mortgage banker faces?

    b. How is that different from a corporate treasurer?

    c. What is the general nature of the best hedge?

    d. As a regulator, what would you do if you saw a mortgage banker only selling calls?

4. You work in a commercial bank. Imagine the basic business is get money by issuing CD's and make money by lending.

    a. Under what circumstances would you hedge CD issuance?

    b. If you did, how would you do it and describe risks.

    c. Would you control lending by hedging also?

Two. Examples of Credit opportunities.

1. What are the similarities and differences of buying a corporate bond and selling protection using a credit derivative?

2. **Same question but add a bond to the credit derivative.**
   Similarities and differences to a "regular" corporate bond.

Three. Examples of Equity opportunities.

1. **How are employee stock options different from regular stock options?**

2. **What differences would that cause in a Monte Carlo of the two?**

3. **You are an activist private equity manager.**

   a. How will you get funds - what vehicle?
   b. How will you use those funds and be "active"?
   c. What is a proxy vote and how does it affect your activism?

Four. Examples of Commodity opportunities.

1. **What commodity markets might be most easily manipulated?**

2. **As a regulator, how would you discourage it?**

Five. Examples of Currency opportunities.

1. **What would you do if you wanted to "drive" a currency?**

2. **As a regulator, how would you discourage it?**

Six. Examples of Real Estate opportunities.

4. **Assume your source of funds is private individuals. How would your investments differ in real estate as compared to a mutual fund source?** Would there be differences in what you buy - whole loans vs securities, how levered you are, etc.

5. **What do you imagine the differences are between REITS, mutual funds, hedge funds investing in real estate?**

6. **What did AIG do in sub-prime mortgages? Why did they choose to invest in credit derivatives?**

About the Authors:

Howard Lodge received his PhD from Indiana University in Bloomington, IN. He started as an academic, doing neural modeling of the eye. He went to Wall Street in NYC (primarily Morgan Stanley) and did mathematical modeling of derivatives for 18 years. He was also head of derivatives for several Fortune 500 firms.

Joseph F. Rinaldi, III received his MBA from Pace University, NYC. He began his career as a mortgage trader and hedging specialist. During the 1990's, he traded over $35 billion of assets (mainly derivatives) for the RTC/FDIC. He then founded a money management & RIA firm. In addition, he teaches "Futures, Options, and Derivatives" at the Robert H. Smith School of Business at the University of Maryland and the Stern School of Business at New York University to both graduate and undergraduate students.

10043665R00149